Eckart Rüther

Elias auf der Suche

Eine psychiatrische Collage
als paraistische Legende

© 2023 united p. c. Verlag

ISBN 978-3-7103-5653-7
Lektorat: Isabella Busch
Umschlagfoto: Eckart Rüther
Umschlaggestaltung, Layout & Satz:
united p. c. Verlag
Innenabbildungen: Eckart Rüther,
Sataporn Jiwjalaen,
Studioloco I Dreamstime.com

Dieses Buch wurde digital nach dem
neuen „book on demand"
Verfahren gedruckt.

Gedruckt in der Europäischen Union
auf umweltfreundlichem, chlor-
und säurefrei gebleichtem Papier.

Die vom Autor zur Verfügung ge-
stellten Abbildungen wurden in der
bestmöglichen Qualität gedruckt.

www.united-pc.eu

INHALTSVERZEICHNIS

Für

Geline und Nina

ZUM GELEIT

„Wollen Sie bitte Platz nehmen", war unser Begrüßungssatz, wenn die Patientin/der PatientIn das Zimmer betrat. Diesmal war ein 56-jähriger Patient mit dem fremd klingenden Namen „Elias Eros Empathys" angemeldet, um 11.00 Uhr am 4.12.2018 mit der Diagnose: depressive Reaktion nach Psychotherapie.

Wir therapierten regelmäßig zu zweit.

Der Patient war auf den ersten Blick unauffällig. Gut gekleidet, modern, aber nicht teuer. Von Beruf eine Führungsperson auf nicht ganz oberer Ebene. Wie üblich schauten wir Therapeuten uns kurz an und waren übereinstimmend der Meinung: kein schwerer Fall. Privatpatient, zehn Stunden, einmal alle 2 Wochen. Histrionische Persönlichkeit mit Reaktion auf eine zu enge Bindung an die vorherige Therapeutin. Single-Syndrom nach Scheidung und alleinerziehender Vater, Geld genug …

Im Leben eines Psychiaters passieren die seltsamsten Dinge, aber ein solches Ereignis eigentlich nie:

Nach der Begrüßung fragten wir ihn, was wir für ihn tun könnten. Warum er nicht Platz nähme. Seine Antwort war bestimmend und fest:

„Hier in dieser Tasche ist ein Manuskript. Ich bitte Sie beide, das Manuskript kritisch durchzusehen und zu ordnen, dann zu verbessern und, wenn möglich, zu publizieren. Wann und wo ist egal. Lassen Sie sich Zeit. Ändern Sie, was Sie wollen, aber versuchen Sie nicht, etwas hinzuzufügen, was die Intention dieses Manuskriptes verändert."

Der Abschied war kurz und knapp:

„Ich werde nicht wiederkommen. Sie werden mich nicht finden. Eventuell komme ich noch mal mit Ergänzungen." Damit verließ er den Raum.

Wir haben ge- und erwartet, dass er wiederkommt, aber er kam nicht wieder.

Zunächst weigerten wir uns, diese Papiere zu lesen. Aber an einem Sonntag überkam uns dann doch die Neugier, und wir erfuhren eine unglaubliche Geschichte, die nach Art eines Tagebuches(mit genauen Daten) von dem Patienten schriftlich festgehalten war. Wir versuchten, so wenig wie möglich zu verändern. Nahmen nur die nötigsten Korrekturen vor. Korrigierten Schreib oder Wortfehler, änderten Sinnloses und Unklares, soweit sonst der Sinn des Berichtes nicht offensichtlich gewesen wäre. Ebenso versuchten wir, so stringent wie möglich die Reihenfolge der Beiträge nach den Daten der Verfertigung zu ordnen.

Wir bemühten uns, herauszubekommen, ob die realistisch geschriebenen Berichte auch realen Begebenheiten und/oder Menschen zugeordnet werden konnten. Wir wurden nicht fündig. Daher gehen wir davon aus, dass hier innere Empfindungen mehr zum Ausdruck gekommen sind als reale Gegebenheiten. Der Berichterstatter hat immer recht und das Ganze ist reale Geheimpolitik, von der wir noch berichten, wenn die Zeit kommt.

Für uns wurde dieses Tagebuch zu einer Quelle ständigen Neubeginns der Emotionalität, also zu einem Übergang in schon künstliche emotionale Intelligenz?

Feldafing 2021

Eckart mit Geline

FRANKFURTER NOUVELLEN

01-11-2011

Die Brisanz einer Zugreise nach Frankfurt wird von keiner Weltraumreise übertroffen. Die Entfernung vom Ausgangsort München nimmt lebensgeschichtliche Ausmaße an. Je weiter weg von zu Hause, desto entfremdeter ist Elias, je näher Elias Frankfurt kommt, desto unbekannter ist er sich selbst. Die Mitreisenden sind eine Herde tollpatschiger Egomanen, die sich im und am PC oder I-Phone aufgeilen. Wer könnte da widerstehen, die extrem laut geführten Telefonate mitzuhören: die neuesten Lieben, die verfahrenen Geschäfte, die gerichtlichen Belange, die Schulden und die Urlaube. Alles völlig nebensächliche Gespräche, durch die die Jetztzeit eine unermessliche Bedeutung erhält. Ohne sie wird der Krawattenträger ein Lustmolch und der Pseudo-Hippie mit Jeans ein Durchschnittsbürger. Im persönlichen Gespräch ist dann von Einsamkeit, Scheidung und Karriere die Rede. Ein wahrlich weltraumrelevantes Einerlei. Kommen wir zur Sache: Elias will es wagen, die Fremde einzukreisen und neue Sinnhaftigkeit zu proben. Und doch kommt ein Gespräch mit dem Nebenmann/der Nebenfrau zustande.

Dies ist eine Zeitreise in Sachen Woche-Fremde-Arbeit und Wochenende-zu Hause-Erholung. Der Laptop ein ständiger Begleiter, der gerade mal Zeit lässt, die schreckliche Stadt der Fremde, Frankfurt, als die Hölle der Lebensfreude zu beschreiben. Und wie die Banken sich so hochtürmen in ihrer Selbstgefälligkeit und Genügsamkeit mit dem riesenhaften Hunger nach neuen Geldopfern. Die Chefs – und immer sind welche nah und präsent –, fordernd und nicht fördernd, verstecken sich hinter Sachzwängen und beuten jedes noch so willige Ich bis zum Exzess aus. Die Burnout-Frage steht immer im Raum: Auch wenn die selbst ernannten Experten in allen Zeitungen hiervon nichts wissen wollen, ja auch nichts wissen können, da sie nicht mit Elias im Zug sitzen. Ausgebrannt sind sie, wenn sie doch mal die Zwänge einer untergeordneten Tätigkeit wahrnehmen, und sich nicht hinter Wissenschaft verstecken, die ephemer sich im Wohlgefühl der eigenen Saftigkeit als genießbare Frucht geriert. Dies könnte ja irgendwann mal zur Gift geladenen Eva-Verführung mutieren.

ICI I

Fälle XY

Im ICE-Gespräch hört sich dies natürlich ganz anders an. Die Freundlichkeit trieft am Handy vorbei in die Ohren einer Menge Zuhörer, die sich akustisch zu verstecken suchen, aber einfach nicht heraus können aus dem unsinnigen Gelaber aus freundlichem Geschäftsgeplänkel mit hochwichtigen Finanzen und einer liebevollen Abschieds- oder Ankunfts-Ankündigung, die von vornherein nicht zählt, da sie nur gespielt und ohne eigentliche Zuwendung in der Stimme absolviert wird. Zu loben sind da die unbeabsichtigten Intermezzi mit den erbarmungswürdigen Nachbarn, die sich freuen, endlich mal einem echt Interessierten von ihrer gehassten Firma mit dem egoistischen Chef erzählen oder die Freude auf das Zuhause zum Ausdruck bringen zu können, die eigentlich für das ganze Leben herhalten muss. Wohin kommen die Sehnsüchte, wenn im ICE mit 250 Stundenkilometern jemand durch das Land rast und sicher nie dort ankommt, wohin er eigentlich zielgerichtet und geplant ankommen wollte. Doch trotz allem, der Ausstieg ist vorgedacht und die Schieberei nimmt ihren Lauf auf dem Peron. Angeeckt von vorn und hinten, störend und gestört an allen Reklametafeln vorbei, die ungesehen bleiben, aber doch ins Unbewusste dringen, rennt Elias, die Glieder mühsam sammelnd und dehnend, der S-Bahn entgegen, in dem Versuch, sie gerade noch rechtzeitig zu erwischen. Hier in FFM ist alles pünktlich, nicht immer, auch dort ist eine Signalstörung Grund für Verspätung. So wie überall limitieren die Notarzt-Einsätze die zur Verfügung stehende Zeit. Warum auch sollte der sozial unsichere U-Bahn-Einsatz immer pünktlich die angestrebten, nicht erforderlichen, aber subjektiv nötigen Ziele rechtzeitig erreichen? Die Gesichter sind vollen sozialen Ungemachs und pfannkuchenartig hessisch verlegen. Aufgelegt zur Duldung einer gewünschten, doch nie verwirklichten Aktion. Die Sprachen sind babylonisch, gelegentlich biblisch, die Alten mürrisch und die Frauen duften nach Essen aus Armenküchen. Schönheiten aus den Ostländern vermögen noch nicht mal der Jugend ein Lächeln zu entlocken. Jeder sitzt an jedem vorbei. Nur einige Kinder genießen die endlich gekauften „Schulbrote" aus der Süßigkeiten-Ecke. Am Ausstieg wird höflich die tiefe Treppe zum möglichen Unfalltod freigehalten. Schau doch, wo du bleibst, ist die Devise.

25-01-2012

Die Taverne für die eigene Versorgung ist im dritten Stock für Studenten eingerichtet, aber schon die Wendeltreppe ist für diese ein wenig zu gewunden und zu steil. Was soll da ein betagter Elias in seinen Knochen fühlen, wenn nach der zweiten Etage die Luft ausgeht und Schwindel im Hirn die Leichtigkeit des Seins wiederherstellt? Die Kemenate ist eine Oase der verhinderten Luxusgüter mit Küchenzeile, die nur für Zwerge sinnvoll ist und eine Dusche, die kaum benetzt. Allerdings brummt der

Kühlschrank wie ein gequälter Braunbär, der in der Sorge um seinen Nachwuchs lautstark sein Futter verteidigt. Schlaf ist für jeden ein Genuss, der sich allein im Bett wohlfühlt. Wer immer zu Besuch käme, findet eine selten gesäuberte Platzmöglichkeit vor, wo jeder sich eine gemütliche Stelle besorgen kann, koste es, was es wolle.

Der Morgen sieht eine nicht gerade lustvolle Gestalt an alten Häuserwänden entlangschleichen, immer den Blick in die verschlafenen Kindergesichter und sorgenvollen Mütteraugen gerichtet. Sie hasten zu Fuß oder mit Fahrrad aus ihren dunklen Wohnungstüren zur nicht geliebten Arbeitsstelle mit Umweg über Kindergarten oder Schule. Abgeben des anstrengenden Ablegers und rein in die Tretmühle der ungeliebten Chefs. Oder doch anders: Sind da nicht einige, die sich ohne Mühe sehr lustig auf dem Weg in die Zukunft an den anderen schadlos halten und durch Ausnützen der anderen sich nützen? In den Straßen rasen die neuesten Autos stolz an vielen Ladenhütern vorbei und finden ihren Weg in schnellsten Zeiten zum Finanzplatz der eigentlichen Herrscher dieser Welt: der Bank.

Damit ist nicht gesagt, dass die Viertelstunde Fußweg nicht ohne Reiz sei: Die Füße bewegen sich schleppend, aber die gefühlte Bewegung ist so lebendig, dass daraus ein Gedicht fließt für eine liebevolle SMS nach Hause.

02-02-2012

Der Eindruck der Hochhäuser auf den Menschen in der Straße ist regelhaft nicht von der Größe bestimmt, sondern von der architektonischen Außergewöhnlichkeit, um nicht zu sagen Schönheit oder Hässlichkeit. Einmal hochzufahren mit der Empfindung der Aufsteiger in der Hierarchie der Wichtigkeit für das Ganze. Je höher, umso mehr Macht und Bedeutung. In einem früher mal hohen, jetzt durch die Nähe größerer Bauten recht eingeschränkt wirkenden Haus ist der Aufzug zur Etage 8–20 eine zur Nichtigkeit geschrumpfte Höhenberauschung. Die Art des Herzklopfens spiegelt die Angst vor dem Versagen und nicht die Freude der Kraft wider. Die Neugier ist zwischen den langsam eintrudelnden Partnern geteilt. Wer wird dem anderen die Stellung neiden oder wer wird dem anderen die Arbeit erleichtern, sind die Fragen. Da hilft die Geschlechterzugehörigkeit wenig. Die Damen sind von einer Neutrum ähnlichen Ausstrahlung, die der eigentlichen Funktion einer geschlechtlichen Zuordnung widerspricht. Natürlicherweise versucht ein jeder durch äußere Attribute wie Kleidung, Frisur und Schminke ein wenig aus dem eigentlichen privaten Bereich in die Sphäre der Arbeit zu retten. Bekanntermaßen ist wie im Tierreich auch beim Menschen der Mann schöner als die Frau, jedoch hat die Frau dies bei der Menschwerdung verkehrt, indem sie sich schöner anziehen darf als der Mann (jedenfalls in der jetzigen Tradition). Aber unter dem Druck der gefühlten Leistungsanforderung, die wie ein Virus höchst virulenter Art durch die Räume schwirrt, verschwindet die Individualität in tiefe Bedeutungslosigkeit. Die Identität wird geliehen von dem computergestützten Firmenlogo, das durch ständige Ergüsse von Umsatz, Neuerungen und Anordnungen keinen Raum für eigene Gefühle zulässt. Anonyme Geschäftsführer bekommen durch anonyme IT-ler ein strahlendes Bild in die Hirne der Arbeitenden gebeamt und erhalten so die ständige Aufmerksamkeit des Unbewussten, damit nur niemand mit seinen persönlichen Wünschen aus der Reihe tanzt. Die Arbeitsmoral kommt dann so unbemerkt aus dem Inneren, als käme sie tatsächlich den eigenen Wünschen gleich. Welche perfide Gehirnwäsche, die den übrig gebliebenen Teil der wenigen Überlebenskröten am Ende des Monats sogar dann noch zu einer erfreulichen Summe hochstilisiert. Eigentlich sei die Arbeit ja zu ungenau erledigt, die Zeit für den Kaffee, das Ratschen über die Unartigkeiten der Kinder, den letzten Urlaub, das letzte Essen mit Freunden hatte der großen Mutter, dem großen Vater nun doch einen Teil der Ernte vorenthalten. Könnte da das schlechte Gewissen nicht befriedigt werden, indem die Arbeitszeit in den nächsten Tagen ein wenig in den Abend verlängert wird. Niemanden wird stören, dass dann die Familie, der Partner darunter leiden wird, trotz winselnder Telefonate von zu Hause. Der große Mächtige sieht solche Freiwilligkeit sehr gerne und bedenkt die Möglichkeit, doch gelegentlich die Stufen der Personalhierarchie zu nutzen und den einen oder anderen halbtreppenweise aufsteigen zu lassen. Welche Herausforderung, sich hier als Neuankömmling zu bewähren: eine unsinnige Bemühung.

09-02-2012

Eine Arbeit ist eine Arbeit, wenn sie zur Arbeit verführt. Eine Arbeit ist keine Arbeit, wenn sie keine Herausforderung ist. Wenn sie überfordert, ist sie zwar eine Arbeit, aber keine richtige. Welche Arbeit ist die richtige? Die den geistigen, körperlichen und moralischen Kräften des Arbeitenden angemessene Arbeit ist die richtige.

Wer könnte bestimmen, was angemessen ist? Wenn der Arbeitende mit der Freude des Tänzers über den Boden der Herausforderung schwebt und mit höchster Leichtigkeit die angebotene Leistung erbringt, ist das keine richtige Arbeit. Wenn aber jeden Tag die Tränen der Verzweiflung sich über die Wangen schleichen und im Wind sich als Perlen des Teufels verpissen, ist diese geforderte Leistung kein Lustgewinn, sondern eine Lustbremse, die der Arbeit den Titel entziehen sollte. Eine Abwechslung zwischen beiden ist keine Verbesserung. Idealerweise ist die stetige Freude einer bemühten, von positiven Ergebnissen durchdrungenen Endfassung der Arbeit die Begründung der Hochstimmung, die aus Arbeit erwachsen sollte. Dann ist Arbeit richtig angewandt. Aber wann gelingt dies schon? Die Anforderungen der Firma sind ungezielt und ungeordnet. Jeder reagiert nach den Regeln der Zufälligkeit: Was zuerst am meisten gefordert wird, wird als Erstes vom Willigsten erledigt. Eine ordnende Hand ist allein in der Ökonomie zu finden, die nach den Regeln der Knauserigkeit, genannt Sparsamkeit, die Minimierung des Quotienten Leistungserbringer zu Leistung einfordert. Wie sollte da Lust aufkommen? Die Arbeit trifft immer auf den gerade eben Überforderten und Billigsten. Wie da noch irgendetwas Sinnvolles herauskommt, ist nur den Kontrollen der Abläufe zu danken, die sowieso nie an der richtigen Stelle zum richtigen Zeitpunkt hinschauen. Gesehen wird alles durch die Brille des Neids und der versteckten Eifersucht von den unmittelbaren Kollegen, die sich endlos gegenseitig beäugen, ob nicht doch der andere eine bessere, eher adäquate Arbeit, passendere Herausforderung bekommt als man selber. Dabei ist wichtig, dass grundsätzlich die Arbeit die eigene Leistungsfähigkeit so weit übersteigt, dass aus der nicht zu bewältigenden Aufgabe die Befriedigung einer Höchstleistung entspringt. Das Ergebnis ist sowieso egal. In der Regel wird alles zu riesigen Konvoluten von Papier oder elektronischen Werkzeugen, die dann bei Behörden oder anderen noch weniger effizienten Institutionen verschimmeln. Wenn nur alle wüssten, wie letztendlich doch eine für die Menschheit in Form eines sinnvollen Endergebnisses relevante Zieleingabe die ganze Arbeit rechtfertigt, wäre Arbeit in der Rückkopplung eine verfremdete, aber doch eigene Art der Selbstbetätigung.

16-02-2012

Die Aufgaben werden konkret. Kaum zu glauben, dass eine ganze Bibliothek von SOPs (Standard Operation Procedure) in Regalen und Computern bereitliegt, um gelesen und nicht oder nur selten befolgt zu werden. Darüber hinaus sind Heerscharen von Arbeitsbienen bemüßigt, auf Anordnung einer Kaste von hierarchisch gegliederten Chefs neue, bessere, verbesserte und vor allem längere und möglichst unverständliche SOPs zu entwerfen, dem Review-Prozess zu unterziehen und der Schulung zu übergeben. Hier sitzen die Befehlsempfänger, schlafend mit halbem Ohr stundenlang dem Arbeitsprozess entzogen und schlürfen begierig den Honigschleim höchst ziselierter und ausgeklügelter Anordnungen, die gestuft die gemeinsame Arbeit transparent machen sollen und eine Einheitlichkeit garantieren müssten. Da aber diese in höchstem Maße zwar süß schmeckende, aber extrem klebrige Kost allein zur Befriedigung der übergeordneten Vorgesetzten dient und nicht der eigentlichen Ernährung der arbeitenden Klasse, ist das Endresultat eine schleimige, breiige Masse von ungesicherten und nie befolgten Signalen im Gehirn der ärmsten, von Schuldgefühlen geplagten Knechte.

Wer da immer auch sitzt und wieder in sein Kabuff zurückschleicht, ist ein armer Tropf. Die vergnüglichen Momente sind nicht gerade breit gefächert. Da ist zunächst der morgendliche Schwatz, noch schnell gestohlen, bevor irgendein Aufseher die frühe Stunde stört. Schnell wird über den doch mühsam bewältigten Stau gelacht, die Kinder sind in der Schule wieder mal super erfolgreich gewesen, aber doch am Abend, statt gebetähnlich die Nacht vorzubereiten, recht frech mit dem Ausdruck der Aufmüpfigkeit schnell bereit gewesen zu sagen: Mami, dein Gesicht ist für dein Alter doch recht jung. Da schüttelt sich die dankbare Zuhörerelite vor Lachen und räumt sich wieder in die Einzelzimmer zum Routinebetrieb ein. Ein Pärchen flüstert noch in einer Ecke von dem neuen Liebhaber, der alle Chancen hat, den doch so langsam unendlich treuen, aber langweiligen Ehemann zu ersetzen. Das aber ist nicht möglich, wie man ja wisse, da die Kinder noch klein sind und kaum verstehen würden, wenn plötzlich alles so anders wäre. Aber hier ist endlich mal der neue Kick, der so lange gefehlt hat. Klar ist der ein Frauenbeschauer und lässt nichts anbrennen. Er meine aber, das sei ein normales Verhalten. Man dürfe doch mal schauen. Er liebe mich so sehr, auch wenn die eigene Ehefrau noch Ansprüche stellt und die neue Freundin seit Kurzem nicht nur gelegentlich auftaucht und plötzlich auch Ansprüche stellt.

Er wird doch merken, was er an mir hat. Ein Adonis in der Westentasche ohne irgendein Vorteil vor den schon abgelegten und erledigten Männern, die noch dazu alt und gemütlich geworden sind, oder einfach nicht da sind, weil sie geschäftlich unterwegs sein müssen.

23-02-2012

Und jetzt kommt die eigentliche Arbeit: die Aufarbeitung der Fälle. Genaue Beschreibung und Bewertung der anliegenden, berichteten, weltweit aufgefallenen, in jedem Fall anonymisierten Menschen mit seelischen Störungen. Sie werden gemeldet von sogenannten „Sozialarbeitern" (englisch: „Social Worker"), die von den Staaten angestellt werden, um Besonderheiten und unbekannte seelische Störungen bei Einzelnen und in der Gemeinschaft der Praxis und der Wissenschaft zuzuführen. Besser ist ein seit Kurzem aufgekommener Begriff: Seelen-Tröster, der im englischen als Mental Comforter eingeführt wurde. Diese hochkarätigen, sozial und wissenschaftlich bestens geschulten männlichen und weiblichen, unauffällig agierenden Menschenfänger sind beauftragt, eine lückenlose Sammlung von Menschen mit seelischen Störungen zu erstellen, um neue Möglichkeiten der psychiatrischen Krankheitslehre den Verantwortlichen zur Verfügung zu stellen, damit dann auch die Grundversorgung psychischer Störungen neu gestaltet und organisiert werden kann. Ein riesiges Unterfangen, eine viele Milliarden Dollar verschlingende Unternehmung, deren eigentliche zentrale Stelle in diesem Institut beheimatet ist. In der Öffentlichkeit ist davon nichts bekannt. Die Idee kam auf, als einer der neugierigsten Menschen dieser Erde zufällig auf die wöchentlichen Treffen von Tausenden von Singles aufmerksam wurde, die in Frankfurt sich die Wärme der sozialen Zwischenmenschlichkeit bei Wein und Wurst in stundenlangem Stehen unter Sonne, Regen und Wind besorgten. Welch ein Eldorado der seelischen Variation, welch eine Schatztruhe von erregenden, meist traurigen, von der Abwehr zur Lustigkeit pervertierten Lebensgeschichten. Hier sind nur Kurzgeschichten zu eruieren gewesen. Der ewige Einzelgänger, der sich brüstet, nie sein Alleinsein bedauern zu wollen, aber ständig danach giert, ein wenig Anerkennung seiner Männlichkeit von unbekannten, umstehenden Frauen und Männern zu erhalten. Oder die selbstständige, hoch aufgestiegene junge Dame, die mit Absicht ihre Kleidung so schlecht wählt, dass nur niemand sie als attraktiv empfindet, um selbstbewusst den Mangel an intimer Kommunikation zu überstehen. Aufzählungen familiärer Patchwork-Zustände verschleiern die Sehnsucht nach geordneten Verhältnissen. Aber die Treffen mit den Kindern werden sehr sorgfältig den teilweise unbekannten Umstehenden erzählt, damit deren Zustimmung die Erinnerung noch mal seelisch aufwärmen kann.

GELIEBTER SOHN

19-04-2012

Fall 1

Nach einer sehr behüteten Jugend und einem höchst an-
gepassten Abitur war die Zukunft dieses Mannes klar
vorbestimmt, da die Eltern das Ziel eines erfolgreichen
Juristen sicher im Visier hatten. Die ersten Jahre des
Studiums waren dann auch von Erfolg gekrönt, die we-
nigen Klausuren hatten keine Probleme gemacht. Das
Studenten-Zimmer war zwar nicht immer aufgeräumt,
wenn die Mutter mal nach dem Rechten schaute, aber
die kleine Freundin war immerhin aus guter Familie
und recht hübsch, wenn auch die hauswirtschaftlichen
Kenntnisse spärlich waren und viel zu wünschen übrig
blieb. Eine jugendliche Emanze, die klischeehaft letztlich
nicht zum Sohn passte. Sie schien tatsächlich am Anfang
dem Sohn bei seiner Lebensführung zu helfen, vor allem
bei der notwendigen sexuellen Befreiung. Doch daraus
wurde nicht viel, denn eine ungewollte Schwangerschaft
beendete die Romanze und führte in eine schnell anbe-
raumte Ehe mit Einzug in eine von beiden Eltern gespon-
serte Wohnung. Hier begann, der Situation angemessen,
die Problematik, denn beide konnten ihre Studien nicht
weiterführen, hatten miteinander Probleme der Ver-
ständigung auf allen Gebieten und gingen sich gegensei-
tig auf die Nerven, die von der ständigen Anforderung

des Kindes in großem Maß überstrapaziert wurden. Es kam, wie es kommen musste: Trennung unter Schmerzen, die eigentlich nur Mitleid mit jeweils sich selbst waren. Jetzt endlich wohnte jeder allein, das Kind wurde zeitlich aufgeteilt und emotional von beiden Seiten so viel wie möglich verführt. „Ich bin der Bessere" sollte implementiert werden in einen kindlichen, schon viel zu früh zum Erwachsenen dressierten Buben. Aber das wird nicht gesehen. Die Zuhörer bewundern die pragmatische Einstellung der Parteien. Der Single-Vater jobbt ohne feste Anstellung, liebt den Wein, hat einige lockere, immer wechselnde sexuelle Beziehungen, die Nase voll von Bindung, fühlt Freiheit vor allem von den bedrückenden Eltern, die nun doch immer drängender das Wiederaufleben der Wünsche nach einer Karriere einfordern. Sie hätten doch so viel investiert, so viel Hoffnung in den einzigen Sohn gesetzt, ihr Leben verfehlt, wenn dies endgültig in die Hose ginge. Hier wird allerdings der Kompromiss nicht praktikabel. Der junge Vater hat sich eingerichtet in der wenig Mühe machenden augenblicklichen Situation der kleinen Anstrengungen. Das Geld reicht, der Wein schmeckt unter Kumpeln, Frauen gibt es als Freiwild, nur manchmal abends streicht Wehmut durch seine verstaubte Seele.

Elias entnahm seiner Seelenantenne einen Ruf, seine Seele, sein ganzer Körper, seine Existenz wurden in Resonanz versetzt.

Elias vernahm nun zum ersten Mal eine längere Geschichte:

FALSCHE BARONIN

26-04-2012

Fall 2

Der alte Mann ist stolz, sich einen neuen Lebensraum geschaffen zu haben. Eine Wohnung ist es nicht mehr geworden. Eine Untermiete bei einer Witwe, die wahrlich nicht sein Niveau hat. Nicht dass sie keine literarischen Ambitionen hätte. Sie ist regelmäßige Besucherin der Literatur-Festivals mit ihren hunderten völlig überflüssigen Veranstaltungen, die teuer und sinnlos die Stadt überfahren mit dem modernsten Quatsch, den ein Einzelhirn sich ausdenken kann, um Kunst zu machen. Der alte Mann denkt gar nicht an Geist und Kunst. Sie sind ihm immer ein Gräuel gewesen, obwohl seine Frau nicht nur Bücher in ihre Wohnung schleppte, sondern auch Ausstellungen im hohen Norden besuchte, ihrer gemeinsamen Heimat, wie er hoffte. Nein! Das Niveaulose erstreckte sich auf die völlige Absenz der Tradition, die erschreckende Geschichtslosigkeit dieser munteren und geschwätzigen Person, die sich nicht genug über die steife Art des alten Herrn amüsieren konnte und bissige Bemerkungen beim kurzen Vorübergehen mit dem ortsüblichen Gruß verband. „Schick, der Herr!" war ihre Beschreibung des tadellosen Anzugs mit oder ohne Krawatte, wenn der alte Herr morgens um 9 Uhr aus dem Hause ging, um bei Aldi ein von den Angestellten besorgtes

Frühstücks-Brötchen abzuholen. Natürlich ganz billig, wie auch der ganze andere Einkauf, der für die nächsten Tage reichen musste. Denn Geld war knapp, es sollte nur niemand wissen. Niemand sollte erfahren, wie das alles kam, dass er jetzt 500 km südlich seines jahrhundertealten Besitzes sein Leben als Einzelgänger mühsam fristen musste. Im Großen und Ganzen trauerte er bewusst kaum mehr den verlorenen Gütern nach. Zu tief saß die maßlose Enttäuschung über das schnöde, unverantwortliche Verhalten seines Sohnes, der alles vom alten Mann erhalten und alles verschleudert hatte, sodass die gesamte Familie an ihrem Stammsitz unwillkommen wurde.

10-05-2012

Die Frau aber hatte nichts anderes im Sinn, als sich wie im Märchen zu fühlen, eine Prinzessin ohne Erbse, voller Genussfähigkeit und Lebensdrang, ohne im Bett zu merken, dass die starke Sexualität ihres Mannes nicht Ausdruck von Kraft und Durchsetzungsfähigkeit war, sondern nur dumpfe, traditionsbehaftete, animalische Erinnerung an ursprünglich mal tatsächlich gelebte Eroberungsfreude seiner Vorfahren. Nein, schnell erfuhr sie, dass hinter der wunderbaren Fassade einer großsprecherischen Diktion nichts anderes stand als ein Nachplappern gewünschter Zukunft, den Eltern geschuldet und den Ahnen, den alten Gemäuern und den gesammelten Kunstschätzen, die ausgelöscht und unwiederbringlich verschwunden waren. Es war ein Landbesitz schönster Art, wie man ihn sich nur erträumen konnte. Schon zur Zeit der Kreuzritter war ein Familienmitglied Herr auf dem Besitz, und der Name hatte Gewicht in der Gegend, bei den Menschen, in der Wirtschaft und in der Politik. Der alte Mann war bis zuletzt Bürgermeister der Samtgemeinde als Vertreter der löblichen, konservativen Partei, die alle alten Werte zwar auf Bundesebene verraten hatte, aber sie auf dem Land nach wie vor mit strenger, religiös untermauerter Klarheit vertrat und auch so gut wie möglich durchsetze. In diesem Sinn war dann auch seine Heirat gedacht, eine Heirat mit einem lebendigen, schönen Mädchen, das in der Jugend schon wie eine Dame aussah, den Eltern des alten Mannes nicht geheuer, aber für ihn in jungen Jahren genau geeignet, die Baronin zu werden, die sich alle von ihm erhofften. Sie sollte Kinder kriegen für die Tradition der nächsten hundert und mehr Jahre, Kinder mit hohem Intelligenzgrad und einer Durchsetzungsfähigkeit, die allen modernen Belastungen widerstand. Da machte es doch nichts aus, dass diese neue Familie als Flüchtlinge aus dem Osten kam und als Newcomer sich hier mit neuen kapitalistischen Methoden recht eigentlich breitmachte. Geld hatte er zwar nicht erwartet, aber ein wenig Hilfe bei seinem Rittergut hätte er nicht verachtet. Zumindest wäre an der Ostseeküste, die nicht wie früher unmittelbar dem Besitz anlag, sondern per Gesetz durch einen Gehweg abgetrennt war, ein Hotel mit etwa 80 Betten, Sälen und Schubladen gewesen. Eine in die Zukunft gerichtete Morgengabe des Zugereisten.

Die wirtschaftliche Planung war Jahr für Jahr geprägt von ständig zunehmenden Schulden und Niederlagen, die sich immer wieder aus der Substanz ausgleichen ließen, aber die Freude am gemeinsamen Tun verdrängten. Auch die drei Kinder, alles hochwohlgeborene und sehr gewünschte Buben, trugen nur kurzfristig in den ersten süßen Kindertagen zur so sehr erwarteten Liebe bei. Diese blitzte manchmal auf beim Reitturnier, bei Scheunenfesten, bei Gemeindeversammlungen, wo der Mann das große Wort führte und so tat, als hätte er seine Position tatsächlich verdient. Aber die Durchsicht dieser Frau war eklatant: Sie war im Innersten frustriert und enttäuscht, dass so schnell ihr Traum vom starken, sie umhegenden Mann zerplatzte und sie zur eigentlichen Führungsmacht in der Familie werden musste. Sie verweigerte sich. Sie wollte unter allen Umständen repräsentieren, ein großes Haus führen, sich in der Gesellschaft bewundern lassen, sich mit den Honoratioren literarisch verlustieren und eine Position der bewunderten Dame großen Stils einnehmen. In ihrer lebendigen Fantasie erfüllten sich diese Wünsche natürlich aufs Feinste, aber in ihrem Innersten wusste sie schon bald: Hinter dieser Fassade wohnte das Grauen. Ein Gefühl kam über sie, dass ihr ständig jemand von außen neidisch auflauerte, jemand sich an ihre Fersen heftete, sich in ihr Leben einmischte und sie unsichtbar bösartig begleitete, darauf wartete, ihre ach so sehr erwarteten und doch nicht wirklich erlebten Freuden zu zerstören. Diese Gefühle der Angst und Bedrohung nahmen ein Ausmaß an, das sie in höchste Bestürzung versetzte. Eine innere Unruhe überkam sie von Zeit zu Zeit. Sie konnte diese zunächst mit lebensbedrohenden Autorennen in den nahe gelegenen Gebirgen heimlich kompensieren. Ein Unfall wäre so sehr willkommen gewesen. Aber in den entgegenkommenden Fahrzeugen saßen ja die Beobachter und behinderten ihre selbstzerstörerischen Anwandlungen. Diese Unbekannten erkannte sie dann immer wieder. Die waren kenntlich an der Art des

Autofahrens, wie sie überholten und die Kurven schnitten. Selbst die Art der Sonnenstrahlen oder der Ton der Regentropfen zeigten ihr die willentlichen Entschlüsse der Verfolger. Die wollten sie nicht töten, aber weghaben vom Grund und Boden ihrer jetzigen Bedürftigkeit. Da blieb nichts anderes übrig, als schnellstmöglich das nächste Flugzeug zu besteigen und nach Hawaii auszuwandern. Heimlich und schnell, von einer Minute zur anderen verschwand sie, alles einschließlich der Kinder zurücklassend, aus ihrem Leben, fuhr zum Flughafen und nahm das nächste Ticket.

14-06-2012

An dem neuen Ort war nun nichts wesentlich anders als in der Heimat. Die Gefahren lauerten hier genauso. Und das Verstecken wurde zur einzigen Tätigkeit, das ihrem Hirn entsprang. Kein Schlaf, keine Nahrungsaufnahme, kein Kontakt. Einzig das Weglaufen bestimmte ihr Leben. Es gab keine Hindernisse. Die Natur bot ein weites Erlebnisfeld für die Flucht vor dem schrecklich Unbekannten. Die Natur schlug auch noch zurück: Die Wege waren unpassierbar, die Flüsse kaum zu durchwaten oder zu durchschwimmen, die Berge waren sehr hoch, die Täler zu tief, aber es musste gelaufen werden, koste es auch das Leben. Hinter ihr der lauernde Tod, vor ihr die lauernde Erschöpfung. Was machte es denn aus, dass letztlich die Füße, Beine, Hände, Arme, ja der ganze Körper eine einzige Wunde waren? Wie es dann doch zum Stillstand kam und die Frau sich wieder am Flugplatz einfand, von der Polizei versorgt und per Flugzeug schnell wieder nach Hause geschickt wurde, ist allen ein Rätsel, ihr selbst auch. Denn ihre Rückkehr in völliger Erinnerungslosigkeit, nur im Bewusstsein, eine riesige Aufgabe nicht erledigt zu haben, die jetzt endlich anstand. Ein kurzer Zwischenaufenthalt zu Hause war geprägt von völliger Abwehr gegen den insuffizienten und verständnislosen Ehemann. „Wo kommst du her, wie kann das sein, dass du so aussiehst, warum hast du das gemacht, denk an deine Kinder, warum hast du mir nichts gesagt, ich hätte doch …" Ihr blieb nur übrig, sich ins Auto zu setzen, zum nächsten Hochhaus zu fahren und runterzuspringen. Leider zertrümmerten nur das Becken und die Fersen. Seitdem ist Laufen nur schwer möglich; mit den Jahren immer besser, sodass sogar Golfen möglich wurde. Hier ist ein Ausgleich mit angemessenen Partnern möglich. Es können auch sexuelle Erlebnisse wieder zur Selbstbestätigung genossen werden. Oder gemeinsame Wanderungen, Essen, Theaterbesuche lassen den drögen Ehemann vergessen. Allerdings ist der eigentliche Partner nie dabei. Etwas fehlt immer: mal der Anstand, dann das Geld oder das Gespräch, die Verfügbarkeit oder die Sauberkeit. Immer wieder kommt die Einsamkeit wie ein Gewitter über die trotzdem doch immer wieder freudvolle Frau. Es sind noch 10 bis 20 Jahre zu leben. Es wird beschwerlicher. Eine Kirchliche Andacht in Erinnerung an diesen letztendlich wichtigsten Mann in ihrem Leben, verschönt die Erinnerung an die schrecklichen Tage in der Vergangenheit Kirchlich getönte Erinnerungszeiten wurden zur familiär hochwillkommenen Tradition.

Rede zur Erinnerung an XY (geb gest.)

Ehemann von xy anlässlich einer kirchlichen Andacht in der Kapelle xy.

Liebe Freunde und Verwandte der Familie xy
Liebe Gemeinde heute gedenken wir gemeinsam meines Ehemanns xy, der vor drei Jahren von uns gegangen ist. In dieser kirchlichen Andacht wollen wir uns an ihn, an seine Persönlichkeit, seine Liebe und sein Wirken.

xy war ein besonderer Mensch. Er verlor nie die Geduld. Wenn er nicht mehr weiter wusste, trank er ein Bier, gelegentlich auch etwas mehr, OHNE jemals maßlos zu sein. Dann konnte er auch auf völlig überzeugende Art lustig und voller niedersächsischer Ironie gesellschaftlich überzeugen. Nicht ohne Grund war er Jahrzehnte lang der Bürgermeister.

Wie ein gut sorgender Familien Vater hat er sich darum gekümmert, dass für alle, die ihm anvertraut waren, gut gesorgt war. Auch wenn es für ihn am Ende nicht so besonders positiv aussah.

Während der langen Zeit meiner lebensbedrohenden Erkrankung war er immer mit einer rettenden Hand zur Stelle, ohne auch nur im Geringsten zu zögern oder darüber nachzudenken, welche Möglichkeiten er hätte, sich von dieser Belastung zu befreien. Wenn dann nach vielen Bemühungen mit Änderungen des Verhaltens ich wieder in der Lage war, mich mit ihm im Einklang zu fühlen, waren niemals Vorwürfe oder Klagen in seinen Worten geschweige denn in seinem Herzen zu entdecken.

Wenn es mir gut ging, ging es ihm auch gut. Wenn es den Kindern auch noch gut ging, war er zufrieden. Er pochte nie auf den großen Anteil, den er am Wohlergehen der Familie hatte und forderte nie Anerkennung. An sich selbst dachte er immer zuletzt. Er reichte immer als erster die Hand zur Hilfe und zur Versöhnung, auch wenn ich sie gelegentlich aus dummem Hochmut nicht gleich annahm. xy hat erst ganz spät seinen Anteil am Entstehen meiner oder vielleicht auch unserer gemeinsamen Probleme erkannt. xy hat intensiv dazu beigetragen, dass die Bemühungen der Ärzte, mich in einen lebenswerten psychophysischen Zustand zu versetzen, erfolgreich waren. Dabei musste er doch viele Schuldgefühle verarbeiten.

Dies tat er in gewohntem und bewundernswertem Verständnis für die Sonderbarkeit der Menschen. Ebenso hat er die zeitweise Trennung von mir erleichtert akzeptiert, obwohl für ihn das Familienglück darin bestand, die Festtage gemeinsam zu begehen.

Xy war ein außerordentlich pflichtbewusster Mensch. Er war im Grunde seines Herzens ein Mann voller Leben, Energie und Tatendrang. Er hat das Leben geliebt und alles getan, um in vollen Zügen mit seinen Freunden und der Familie das Leben zu genießen. Dabei hat er aber nie vergessen, was wirklich wichtig ist im Leben: die Liebe zu Frau und Familie. Wir werden ihn immer als einen liebenswerten und großherzigen MENSCHEN IN Erinnerung behalten. So wird er in uns weiterleben und uns schützend begleiten.

Die völlig abgetauchten Kinder schmerzen in der Erinnerung und ein Lebensziel ist nicht mehr auszumachen. Trotzdem glitzert ein inneres Lachen durch diese so außergewöhnliche weibliche Erscheinung, eine Hoffnung des Lebens, die bei genetisch bedingter Disposition immer wieder trotz aller Widrigkeiten zum erfreulichen Weitermachen verführt.

ARBEIT

21-06-2012

Nun wird die Arbeit wirklich Routine. Die ganze Kraft wird gefordert. Zehn Stunden pro Tag am Computer. Bei offenen Türen, sodass jeder alles immer sieht, spürt, riecht und hört. Und dazu noch bei diesen Texten. Elias hat es eigentlich gut getroffen. Er sitzt im Zweier-Büro mit einer regen Hausfrau, die halbtags extrem fleißig alles richtig macht und kluge Texte verfasst, die an alle Welt verschickt werden. Die Kollegen in anderen Ländern, die diese Texte lesen sollen und dazu noch verstehen, sind frustriert, da sie solche Texte noch nie gesehen haben. Die sind nämlich komplett richtig und bedacht, aber nicht kongruent mit dem, was in anderen Ländern als Standard gilt. So gibt es Friktionen und Verwerfungen, E-Mails hin und her und dazu noch eine Menge Telefonkonferenzen, die natürlich in Englisch geführt und damit auch vornehmlich von den Nichtdeutschen dominiert werden. Elias bekommt davon nicht viel mit, lächelt über die doch sinnlosen Diskussionen und macht seine Arbeit. Es ist eine untergeordnete Tätigkeit, wie sie seinem Arbeitsplatz entspricht. In der 20. Etage des 100 Stockwerke hohen Gebäudes sitzen die Schlecht-verdiener und Entscheidungs-Inkompetenten. Das Ziel wäre, auch mal wirklich in die oberen Regionen zu gelangen, wo die Herren und wenigen Damen in den schicken Anzügen und Kostümen sitzen. Auf diese erhascht Elias nur gelegentlich einen Blick im Aufzug und spricht sie freundlich, wie es seine Art ist, mit kurzen Bemerkungen an: Sie fahren so hoch, in den 90. Stock, ja welche Abteilung ist das, was machen Sie da? Sind Sie viel im Ausland, verwalten Sie viele Daten? Und so weiter. Die meisten sind extrem überrascht, dass jemand, der im 20. Stock aussteigen wird oder dort eingestiegen ist, es tatsächlich wagt, diese hohen Persönlichkeiten anzusprechen. Das ist eigentlich nicht üblich und eher ungehobelt, einfach schlecht erzogen und unbotmäßig. Aber das anfänglich saure, wie automatisch gelernt freundliche Grinsen entwickelt sich zu einem herzlichen Lachen, wenn Elias in gewohnter und gekonnter Manier seine kleinen Späße schnell unterbringt. Denn es eilt, es sind ja nur Sekunden bis zum Stopp. Es scheint, dass die Hohen endlich herausgerissen werden aus ihrem so tief sitzenden Minderwertigkeitsgefühl der Einsamkeit, das als Grundlage aller Hochstellung dienen muss. Wie gelingt diese schnellste aller Metamorphosen vom zugeknöpften Selbstdarsteller zum zugewandten menschlichen Gegenüber? Durch die einfache Technik, sich selbst zu offenbaren: „Ach so, das tun Sie, ich bin in der Sicherheitsabteilung, ich sichere Sie ab, das ist wichtig, wenn man so hoch droben ist." Das ist Elias' Masche. Elias gehört zu der Gruppe, die die ganze Tätigkeit des Instituts absichern soll. Man hat ihn extra angeheuert, weil er Spezialist geworden ist in der Erkennung von innerseelischen Gedanken, die in Menschen vorgehen. Daher hat ein Head Hunter ihn angeheuert und an dieses Institut für Psychische-Vigilanz-Controlle (PVC) vermittelt: ein Europäisches

Institut, einmalig in der Welt, dessen Aufgabe nur verschleiert bekannt gegeben wird und schon oft Ziel vieler journalistischer Angriffe gewesen ist: Methoden zu entwickeln, die es gestatten, die Gedanken und Gefühle der Menschen unmittelbar zu erkennen, zu beeinflussen und zu steuern. Ein hochbrisantes Unternehmen, gefährlicher als die Atombombe, und daher von allen Secret Services der Welt streng observiert. Elias wusste nicht, worauf er sich da einließ. Aber ihm gefiel es mit der Zeit im Institut PVC.

28-06-2012

Elias versuchte, sich ein Bild von dieser durch Staatsgelder und private Sponsoren getragenen Behörde zu machen. So viel er konnte, brachte er in Erfahrung aus Quellen, die irgendwo auftauchten. Der Pförtner wusste von ständigen Kontrollen, die in Form von fast unsichtbaren Geheimpolizisten durch das riesige Gebäude schwebten. Er erkannte sie an den immer gleichen Krawatten, die sie trugen: schwarz mit blauer, dünner Streifung. Die Herren von den obersten Stockwerken, die in dem besonders schnellen Aufzug mithilfe des raren fast goldenen Schlüssels nach oben rasten, trugen schwarze Krawatten mit blauen, breiten Streifen. Nur einer hatte eine vollkommen schwarze Krawatte und eine sehr vornehme, taffe Dame trug ein dunkelblaues Kostüm. Diese sprachen nie mit dem Pförtner. Nur die Damen und Herren der unteren Etagen trugen auf den ersten Blick keiner Uniform ähnliche Kleidungsstücke. Übrigens wurde der Prozentsatz der Damen immer größer, je mehr die untersten Stockwerke angesteuert wurden. Auch die Gesprächigkeit nahm trotz größerer Hetze zu. Nie, aber auch nie hatte eine dieser Personen zum Pförtner über die Arbeit, die sie verrichtete, gesprochen. Der Pförtner hatte von heimlicher Kontrolle der Weltpolitik gehört, hatte aber keine Ahnung, was das eigentlich sein sollte. Er meinte dann letztlich hinter vorgehaltener Hand, hier in dieser Behörde würde kontrolliert, welche Spionage-Unternehmungen weltweit durchgeführt würden. Dies würde dann der UNO berichtet. Aber er hatte keine Beweise: Es war nur ein Gerücht. Elias war mit diesen Auskünften nicht zufrieden, wagte aber keine Fragen zu stellen. Von ihrer untergeordneten Stellung der vielen leider nur oberflächlich schwatzenden Damen konnte Elias nicht zu den übergeordneten Zielen dieser Behörde durchdringen. Ihm kam das Ganze vor wie ein höchst organisierter Bienenstock, der dabei war, so viel wie möglich von irgendwoher Informationen zu sammeln und sie in bisher nicht verstandener Weise zu verarbeiten. Das Endresultat, spürte er in seiner so außergewöhnlichen Seelen-Klarheit, war von einer Schönheit der Information, die nie bisher erreicht wurde. Wenn er sich auf diese Gesamtheit konzentrierte, empfand er in sich einer Offenbarung, die einer Musik ähnlich war. So etwas hatte Elias nur selten erlebt: Als Jugendlicher bei der h-Moll Messe von Bach im Dom zu Augsburg und später wieder mit Karajan in der Berliner Philharmonie, bei gelegentlichen Ausnahme-Konzerten im Münchner Herkulessaal unter Knappertsbusch, bei Arturo Benedeti Michelangeli, bei dem Ring in Bayreuth und zuletzt bei der Nelson Messe von Haydn in der Michaels Kirche in München. Dieses Erlebnis, meinte er, sei nicht mehr zu toppen, denn die Gesamtheit der Sinne war durch die sakrale Bedeutung ergriffen gewesen und habe im Zusammenklang mit seiner Partnerin neben ihm eine doppelte Erschütterung bewirkt. Eine solche unglaubliche innere Beglückung erfuhr Elias, wenn er sich mit seinem geistigen Ohr auf die Gesamtheit der Informationen und ihren Gleichklang konzentrierte, die aus dem Gebäude drang, in dem er nun sein ungewöhnliches Tag- und Nachtwerk vollbringen musste.

BERUFUNG

05-06-2012

Fall 3

Elias erinnert sich kaum, wann zum ersten Mal ihm dieses unheimliche Vermögen auffiel, die Gedanken und Gefühle eines anderen Menschen unmittelbar zu empfangen. Elias kannte Radio, Telefon, WLAN und wusste, Wellen schwirren durch den Äther, unendlich weit und unsichtbar. Telefon mit Kabel, Radio ohne. Und er empfand diese Verbindung zu den Menschen wie ein Rundfunkempfänger. Er musste nur still sein, dann war er auf Empfang. Es passierte bei allen Personen. Er musste sie nur anschauen, neben ihnen stehen, achten und zuhören; „Rede" war nicht der richtige Begriff. Es klang wie Rede, war aber keine, eine stumme Botschaft der innersten Welt kam zu ihm herübergeflossen, transportiert von unbekannten Kräften. Elias wusste sofort, dass dies nicht seine eigenen Gedanken und Gefühle waren, sein konnten. Es mussten die von seiner Großmutter sein, die so streng alle Abläufe in der großen Villa beherrschte. Es war zur Zeit des Zweiten Weltkrieges, als die Endphase alle Familienmitglieder in einem Haus zusammengetrieben hatte. 46 weibliche Wesen und ein 5-jähriger Bub, versponnen und überempfindlich, weinerlich und schwach, ängstlich und unfähig, irgendwo verloren im sorgenträchtigen Gewirr weiblicher Protektion und Geschäftigkeit. Einzig der herrliche Gartenpark, in dem die Villa auf einem Berg stand, war ein Trost im strengen Alltag dieser Gemeinschaft, die geprägt war von der Herrschsucht der alten Besitzerin, unumschränkte, nie hinterfragte Macht ausübend. Von allen war sie geachtet und gefürchtet, geliebt war nie die Frage. Überhaupt war zwischenmenschliche Empfindung nicht die Kommunikation dieses Hauses, sondern Effizienz brachte Anerkennung und Kontakt. Da hatte Elias als schwaches Männlein keine guten Karten. Er floh ins Dorf zu einem Schreiner und schaute mit großem Verlangen dem allmählichen Entstehen von Tischen, Bänken und Schränken zu. Sie redeten kaum ein Wort. Der Schreiner sprach einen Dialekt, den Elias kaum verstand, und erst allmählich begriff er, dass dies die Sprache der Nichtreichen war. Er entwickelte daraufhin ein Gefühl, dass diese menschliche Gruppe in ihrem Innersten einen hervorragenden Platz vor den eigenen Familienmitgliedern besetzte, ein Platz der Vertrautheit und des unkomplizierten, meist stillen Umgangs. Hier konnte er sein, hier hielt er es aus, hier war er zu Hause. Er beobachtete den Schreiner und saß auf den Holzspänen, immer in Gedanken: Dies ist mein Freund. So sollte mein Vater sein, der in Gefangenschaft war und dessen Aussehen auf Bildern so ganz anders war als das des Schreiners: nicht freundlich, sondern abweisend und tatkräftig. Eigenschaften, die ihm so sehr fehlten. Der Schreiner hatte die Ruhe eines stetigen Wachstums, ohne Hast und Zeitmangel, die Gegenstände entstanden von selbst, aus der Notwendigkeit ihrer Bestimmung. Ihre Fortsetzung aus rudimentären Anfängen war eine Selbstverständlichkeit, die Elias aus seinen Tag- und Nachtträumen kannte. Fortsetzung aus der Lebendigkeit des Empfindens heraus, ungestört von Außeneinwirkungen, ungebremst von herrschsüchtigen Tagesgeschäften, getrieben von der Langsamkeit der Geduld. Und hier geschah es: Elias saß wie üblich auf einem Holzspanhaufen und schaute dem Schreiner zu, beide stumm. Und er vernahm: Jetzt brauche ich den Hammer, jetzt brauche ich dies Brett in der Ecke, dies habe ich nicht genug gehobelt usw. Ohne dass ein Wort fiel, ohne einen Ton wahrzunehmen – denn solche Sätze und Wörter waren in ihrer Unterhaltung nie gefallen und völlig überflüssig – wusste Elias, was der Schreiner als Nächstes dachte und tat. Elias war nicht überrascht. Als aber der Schreiner ihm in Gedanken mitteilte, halt mal dieses Brett, und Elias aufstand, um es zu nehmen, war seine Freude übergroß, als der Schreiner sagte: Genau darum wollte ich dich gerade bitten. Es war eine Einigkeit im Denken, keine Besonderheit, eine Selbstverständlichkeit. Und Elias probierte diese Eigenschaft gleich aus, als er in die strenge, doch so lieb gewordene gelbe Villa zurückging.

12-07-2012

Die korrekte Großmutter war das erste Objekt seiner Versuche: Elias kam ihr zufällig entgegen, und er richtete sein inneres Ohr auf sie mit der passiven Aktivität, die er bei seinem Freund angewandt hatte und die ihm dort soweit geholfen hatte, averbale Kommunikation zu pflegen. Schon hatte Elias vernommen, was in Großmutter vorging: Da ist der Nichtsnutz, wie er aussieht, immer wie der Vater, immer den Bauch vorgewölbt, ungesund

und kraftlos, soll verschwinden, stört. Elias fragte dann direkt: Störe ich? Und die Großmutter erschrak nicht, aber schaute erstaunt und verschwand schweigend. Er vernahm: Ich gehe schnell und fülle die gekochte Marmelade in die Gläser, er ist zu klein und ungeschickt, mir zu helfen. Elias ging hinterher: Soll ich helfen? Und stellte sich an den Küchentisch. Bitte, wenn du willst! Trockne die Gläser ab! Er schaltete seine Aufnahme ab, Elias konnte diese Abwehr ihrer willigen Angebote zum Helfen nicht mehr ertragen. Er nahm einige Gläser, ließ mit Absicht eines auf die Erde fallen, es zerbrach und die Großmutter schickte ihn wütend raus: Ich wusste es doch. Weitere Versuche unternahm Elias erst mal nicht, er wusste, dass diese Gabe nicht immer erfreulich war, und sogar, dass er auch noch mehr leiden musste, wenn er die Gedanken der anderen erfuhr. Elias konnte diese Wahrnehmung ein- und ausschalten, je nach Wunsch und Wille, manchmal kam sie aber auch spontan ohne sein Zutun. Die Hühner hatten es ihm besonders angetan. Dies waren die einzigen Geschöpfe, die sich mit sich selbst beschäftigten und einfache Informationen austauschten. Stundenlang stand er vor dem Käfig, einem großen Komplex, und vernahm: Das war ein gutes Ei, die hat ein besseres Korn, wann kommt das Futter, ob der Hahn mich sieht usw. Ein schreckliches Erlebnis in den nächsten Tagen nach dem ersten Testen seiner neuen Fähigkeiten beendete erst mal die Freude über die Einsichten in andere Lebewesen. Ein großer Bombenangriff auf die Werft am See durch die Franzosen, die Freunde der Familie, hatte alle in große Sorgen gestürzt. Der erste Ausgang in das Dorf führte ihn zu seinem Freund, dem Schreiner. Anstelle der Werkstatt war ein großes Loch in der Erde, ein Trümmerfeld und der Schreiner war weg. Nie mehr zu sehen und einfach weg. Elias konnte es nicht fassen und weinte Tage und Nächte, richtete seine Intensität auf den Toten, ohne Erfolg. Still und stumm und nur die Erinnerung an diese einzige Stunde wortloser Gemeinsamkeit lebte in ihm weiter, breitete sich aus als wichtigstes Beispiel eines immer wieder zu suchenden Glücks, als Prototyp einer inneren Seligkeit, die zusammenhing mit Stille, Mensch, See, Bergen, Sommer und kontrastierte zu der schrecklich strengen und störenden Welt der Erwachsenen. Gelbe Villa gegen unwillige Menschen. Ein Lebensmotto zum Ansporn für alle kommenden Zeiten, für Glück und Unglück, für Verständnis und Ungläubigkeit, für Beruf und Freizeit, für Hass und Liebe.

BITTSTELLERIN

Fall 4

Ganz anders der Besuch einer Bittstellerin: Die Flucht aus
Rumänien am Ende des Krieges war ein riesiges Unter-
nehmen, das die ganze Familie – natürlich ohne Vater,
der im Krieg war – bis an die Grenzen des Erträglichen
belastete. Das kleine Mädchen war ein bildhübsches Ding,
der Liebling aller. Und das blieb auch in Deutschland so,
wo die Schule, die Universität und die Ausbildung zur
Ärztin bestens verliefen. Das Glück schien gepachtet zu
sein, es lag auf der Straße und war so selbstverständlich
wie Essen und Trinken. Wäre da nicht die unvermeid-
liche Anfälligkeit, die schon auf der Flucht und später
im Leben die ständige Begleitung des Lebens wurde. Es
waren die empfindlichen seelischen Antennen, die Ner-
ven, die Zitterpartien des Körpers und der Seele, die so
unglaublich alle Reaktionen des Mädchens, der jungen
und heranwachsenden Frau begleiteten. Ihre nicht zu
dämpfende Sensibilität war ein Charme, dem sich nie-
mand entziehen konnte, war aber auch ein schreckli-
ches, belastendes Phänomen mit furchtbaren Folgen.
Erst nahm die junge Frau das gar nicht zur Kenntnis, da
alle in der Umgebung sich ihr positiv zuwandten und ihr
pfleglich, verständnisvoll entgegenkamen. Aber unter
der Belastung von Beruf und verkorkster Beziehung zu

einem Ur-Egoisten und Egozentriker erster Güte brach die mühsam aufrechterhaltene Gesundheit zusammen. Sie entwickelte ein immer stärker werdendes Gefühl der Unfähigkeit zu leben, zu denken, zu fühlen, zu überleben, zu existieren. Die Körperhaftigkeit ihrer Seele brach zusammen. Die Gedanken der Existenz erhielten weder von außen noch von innen frische Nahrung. Sie erlebte einen ständigen Tod ihrer Lebendigkeit und wurde mit ihrer dann doch endlich erreichten Arbeitsunfähigkeit ein ständiger Besucher von Gesundheitsinstitutionen, deren Güte und Exzentrizität gar nicht ausgefallen genug sein konnte, um ihr die nie mehr zu erreichende Gesundung immer wieder zu bestätigen. Es war selbstverständlich, dass auch die beim einmaligen, unwillig erduldeten Geschlechtsverkehr mit ihrem Mann entstandene Tochter sie nicht dazu bewegen konnte, endlich mal eine eigene Stärke zu entwickeln. Die einzige Initiative war Jammern und Klagen und der ständige Vorwurf sich und der Welt gegenüber, dass sie allein vom Schicksal ausgewählt wurde, keine Existenzberechtigung zu haben. Der Tod war ihr großes Ziel, aber innen war doch immer wieder der unausgesprochene Gedanke, dass das Überleben dann sinnvoll ist, wenn ein Arzt sich ihrer empathisch annahm.

26-07-2012

Aber das war auch nie genug. Die inneren Widerstände gegen ein sinnvolles Leben in schmerzloser Freude waren so groß geworden, dass nie mehr für sie irgendjemand die Sorgen und Klagen überwinden konnte. Im Gegenteil, diese Klagen waren ihr Lebensinhalt: Alle wissenschaftlichen, ihr zugänglichen Medien wurden in Anspruch genommen, um neueste Möglichkeiten der Behandlung körperlicher und seelischer Missempfindungen kennenzulernen. Alle Arten von ärztlichen Fortbildungen in großen und kleinen Gruppen wurden für Unmengen von Teilnahme-Gebühren besucht. Aus jeder Fach- und Nichtfach-Zeitschrift wurde kritiklos Informationsmaterial gesammelt und den immer wieder neuen Ansprechpartnern – Ärzte, Heilpraktiker, Heiler, obskure Augen-Gucker und wer noch alles – zur Information und Besprechung übergeben. Sie wusste sowieso alles besser und hatte alles schon lange in Eigenregie ausprobiert. Jeder Versuch zog schreckliche Verschlimmerungen der Beschwerden nach sich und alles musste wieder auf null zurückgesetzt werden. Die langjährige Psychoanalyse ging für den Therapeuten in die Tiefe, für sie ins Geld und im Ergebnis in die Hose. Ihr wurde bewusst, dass in ihrer Seele jede Kraft durch die politischen, gesellschaftlichen und familiären Verhältnisse für immer total ausgelöscht worden war. Hoffnung bestand immer darin, dass einer, der große international angeblich bekannte Professor, ihr immer wieder bestätigte, dass sie unheilbar krank war und niemand, auch er nicht, mit all seiner Freundlichkeit und seinem unendlichen Verständnis ihr helfen konnte. Dies hielt sie am Leben, und sicher waren die Gespräche über Selbstmord jeweils ein Hoffnungsschimmer im düsteren Nebel des täglichen Lebens. Sie nahm ihm das Versprechen ab, ihr zu jedem Zeitpunkt genügend „Stoff" zu besorgen, um in Ruhe sterben zu können.

PRÜFUNG

20-09-2012

Elias erhielt den ersten Auslandseinsatz zur Prüfung, ob jetzt schon Agenten auf ihn angesetzt seien. Jeder einschlägig Informierte wusste von seinen Fähigkeiten, die man insgeheim „Insight" nannte. Die meisten an der Sache Interessierten sprachen Englisch und hatten nur eine vage Ahnung, was dieser Begriff bedeutete. Sie wussten, dass es sich um eine streng geheime, militärische Angelegenheit handelte. Somit waren die Deutschen auf der Hut, dass ihrem einmalig fähigen Elias Eros Empathys nicht nachgestellt würde. Dieser Auslandaufenthalt sollte ein erster Test werden, ob tatsächlich schon fremde Mächte auf Elias angesetzt waren, um ihn in seiner Arbeit zu beobachten, auszuspionieren oder sogar zu kidnappen. So reiste er zunächst in den Süden, wo er zwei Wochen sich am Strand der spanischen Küste ausruhte und las. Seine ständige Begleiterin war eine höchst angenehme Dame, die sich nicht in den Beobachtungsplan einfügen sollte, gar nichts davon wusste und sich nur wunderte, dass Elias sich so komisch benahm, nicht so aus sich herausging, sein Leben verhalten unterschwellig genoss. Elias schaute intensiv in der Umgebung nach auffälligen Personen und wurde oft fündig, wobei nie gesichert werden konnte, ob tatsächlich jemand auf ihn achtete. Da war der einsame, bärtige Greis, der sich komischerweise jeden Tag an einer anderen Stelle am Strand, aber immer in der Nähe von Elias auf sein Handtuch legte, nie las, nur gelegentlich ins Wasser ging und nie mit irgendjemandem Kontakt aufnahm. Nur einmal ging er an Elias im Wasser vorbei und als sie sich trafen und Elias ihm ins Gesicht schauen konnte, bückte er sich, um eine Muschel aufzuheben, die anscheinend gar nicht da war. Oder einen Stein, Elias konnte es nicht sehen. Elias hätte diesen Mann im angezogenen Zustand nie erkennen können. Oder die drei augenscheinlich spanischen Mädchen, die lachend und scherzend an mehreren Tagen immer dann an der Stelle spazieren gingen, wenn Elias auch von seiner Liege aufstand und einen Strandspaziergang unternahm. Elias hatte beim Greis und bei den Mädchen nur wahrgenommen, dass sie dachten, der ist ja ein alter Mann. Mehr konnte er nicht bemerken. Es schien, als ob sie alle gewarnt waren, irgendetwas in seiner Richtung zu denken. Elias gelang es auch nicht gut, sich bei dieser Hitze auf die Gedanken anderer zu konzentrieren. Aber er spürte bei diesen und bei einem Kellner, einem Gast im Café, einem Engländer, wie stark seine Gedanken auf ihn gerichtet waren und sorgte sich, ob hier nicht eine Beobachtung größeren Ausmaßes stattfand, ohne dass eine irgendwie gefährliche Situation deutlich wurde. Dieser Urlaub war von Harmonie geprägt und führte zur grenzenlosen Erholung ohne Abstriche. Die Gefühle der Nachstellungen blieben aber bestehen in der dann folgenden Reise nach Stockholm, wo eine Teilnahme an einem Symposium über Nanotechnologie natürlich ein gefundenes Fressen für die Angreifer war, Elias auszuspionieren. Dies fand auch statt und die Verunsicherung von Elias war groß.

Studenten, Professoren und sogar Hilfskräfte dachten immer wieder – und sie konnten sich ja gar nicht wehren: Dies ist ELIAS. Und Elias flüchtete sich in die Arme seiner ihn immer beschützenden Liebsten.

27-09-2012

Die Erleichterung war nur von kurzer Dauer. Kaum hatte Elias sich von ihr gelöst, fingen einige Menschen um ihn herum an, ihm Gedanken zu senden. Elias suchte nach dem Haupttäter und fand die entscheidende Denkstruktur bei einer schönen, natürlich blonden Dame, etwa 35 Jahre alt, die völlig unbeteiligt an einer Bushaltestelle zu warten schien.

Er empfing den Gedanken von ihr: „Bald werden wir ihn endlich bekommen, ich werde befördert werden, die werden zufrieden mit mir sein." Ihm war nun klar, dass man tatsächlich an dieser Stelle im Ausland alles darangesetzt hatte, ihn mit seinen Fähigkeiten zu verschleppen und woanders auszunutzen. Elias sagte seiner Begleiterin nichts, vielleicht verhielt er sich für seine Verhältnisse etwas stumm und unkonzentriert, aber das war er ja oftmals, wenn ihm die Gedanken der anderen zu wenig Spielraum für seine eigenen Gedanken übrig ließen, und verließ sich auf die Führung seiner Liebsten, die ihn in den herrlichen Garten der WILLE-Skulpturen führte. Hier atmete er auf, denn niemand schien ihnen gefolgt zu sein. Und schnell merkte er, warum hier niemand der Verfolger ihm gefährlich werden konnte. Kaum hatte Elias sich umgeschaut und die italienische Atmosphäre auf sich wirken lassen, erfuhr er eine der absonderlichsten Erlebnisse seines bisherigen

Lebens. Diese außerordentlichen, auf hohen Säulen angebrachten Figuren waren in Bilder gebannte Gedanken, die er sofort in großer Deutlichkeit wahrnahm. Die Hand bot den Gedanken einer überdimensionalen Sorglosigkeit als Gott dar, eine Doppelfigur mit einer zwischenmenschlichen Brücke war der Inbegriff einer perpetuierenden Sexualität, die Nymphe sprach deutlich von brodelnden, ihr unverständlichen Wünschen. Ihm gelang es, zum ersten Mal in seiner langen Laufbahn der Wahrnehmung von Gedanken anderer, nicht nur die Empfindung von draußen nach drinnen zu aktivieren, sondern auch einen echten Dialog zu halten. Die Figuren antworteten direkt seinen Gedanken, und Unheimliches kam dabei heraus: Wir sind verkörperte Gedanken von Menschen, die gelebt haben. Der Künstler hat uns anderen Menschen, meistens seinen nächsten Freunden, aber auch seinen Feinden weggenommen, geklaut, unwiederbringlich entfernt und sie zu diesen Figuren geformt, damit sie niemals sterben, sondern überleben, auch nach des Künstlers Tod. Wir haben nur wenige Gedanken, die wir in uns tragen dürfen. Wir sind limitiert. Wir stehen hier Tag um Tag, Stunde um Stunde, nicht schlafend in der Nacht und denken unsere Aufgabe immer wieder und immer wieder. Und erstaunlich, wir finden dies auch immer wieder neu, wir rufen uns unsere Gedanken zu. Und auf Aufforderung von Elias begannen alle auf einmal ihre Gedanken zusammen zu artikulieren. Elias war überwältigt und gar nicht erschrocken, aber glücklich durch die Fülle einer unermesslichen Ästhetik, die sich in den schönen Gedanken dieser Figuren in ihnen ergoss. Nur ein Fisch störte mit der Bemerkung, dass alle diese Gedanken früher den Menschen weggenommen, geraubt wurden. Plötzlich brach der Kontakt ab.

MUTTER

Fall 7, Fall 6

Plötzlich wollte jemand anderer sich mit ihm unterhalten. Er empfand die Schrecken einer alten Liebe und die Freude einer Innigkeit, die er nur einmal in seinem Leben wahrgenommen hatte: Seine Mutter erschien in seinen Gedanken und erzählte ihm ihr Leben.

Sie wurde Muhma genannt. Muhma hatte eine unglaubliche Eigenschaft, sich emotional und innerseelisch mit Menschen zu beschäftigen, um diesen anderen Menschen eine Hilfe zu sein.

Bevor sie Großmutter wurde, wurde sie Mami genannt, Elias vermied üblicherweise die namentliche Anrede, im Brief immer „Liebe Mutter". MUHMA war eine Kombination aus dem Namen ihrer Mutter „Mouna" und den Geschichten von der Großmutter „Muhme". Elias benutzte seit der Zeit, als er die Wohnung der Eltern verließ, immer den Vornamen: Dorothea.

Er erinnerte sich nicht, ob er so nur zu ihr gesprochen hatte, wenn er mit ihr im Geiste kommunizierte, oder ob er sie tatsächlich so angesprochen hatte.

Er glaubte nicht, dass er sie so gerufen hatte.

Die Familie war ansässig in der Nähe von Frankfurt. Dort hatte sie auch ihre schönsten Kindheitserlebnisse bei der Großmutter, der Mutter von ihrem Vater. Hier konnte sie tun, was sie wollte. Sie erlebte Freude und Glück, wie sie sie wahrscheinlich später nie mehr erlebt hatte. Dort gab es Tiere. Besonders ein Esel hatte es ihr angetan. Mit dem Esel, vor eine kleine Kutsche für Kinder angespannt, konnte sie durch den riesigen Park der Großmutter fahren. Sie sammelte im Park Schnecken, die sie ins Haus brachte, um sie zu füttern und ihr Verhalten zu studieren. Das mochte ihre Mutter nun gar nicht. Da aber ihre Mutter die Schwiegermutter nicht mochte, wie es umgekehrt war, weiß man nicht, war die Mutter selten mit ihr zusammen bei der Großmutter-Frankfurt. Diese Frau muss wohl sehr lieb und sanft gewesen sein, sodass diese Frau Dorothea emotional näherstand als die eigene Mutter. Dort war sie unabhängig von ihrer Mutter. Diese stammte aus einer berühmten und einflussreichen Patrizierfamilie in Passau. Ihr Vater war der berühmte „König von Passau": Mit einem gewissen Stolz zeigte Dorothea das Patrizierhaus mit dem Familien-Adelswappen oben am First gegenüber vom Dom. Richtig stolz war sie wohl nicht, aber irgendwo freute es sie, dass sie von berühmten und wichtigen Menschen abstammte. Sie meinte auch, dass der Gebäudekomplex an der Isar das erste spezielle System von Sozialwohnungen in Deutschland gewesen und von ihrer Familie gegründet worden sei. Sie entnahm dem Zweck dieser Initiative, dass ihre Familie immer die Pflicht hatte und diese sehr effizient wahrnahm, den Armen zu helfen, den Menschen, die für die Familie tätig waren, d. h. den Menschen, die von der Familie ausgenutzt wurden, auch eine angemessene Lebensqualität zurückzugeben. Sie wusste, dass ihre Kindheit einerseits geprägt war von relativ viel Geld und intellektuellem Verhalten, aber andererseits auch von dem Prinzip, den Menschen Gutes zu tun. Geld verpflichtet, war ihr Motto. Lebe bescheiden. Eine protestantische Lebensphilosophie, deren wichtigstes Prinzip war: Alles, was du bekommst, hast du der Gnade Gottes zu verdanken. Gib diese weiter an die Menschen, die dir begegnen.

Drei Jahre vor ihr war ihr Bruder geboren. Der starb kurz vor Ende des Zweiten Weltkrieges bei einem Autounfall. Dieser Tod war sowohl für die jüngere Schwester als auch für ihre Mutter ein unglaublich schreckliches Erlebnis. Beide haben nie darüber gesprochen. Elias hatte nur gesehen, dass in ihrem Nachtkästchen ein Bild von diesem Bruder lag. Er hat nie gehört, dass die Großmutter und Dorothea miteinander über dieses Thema gesprochen haben. Nie hat Dorothea darüber gesprochen, dass sie bei den Eltern ihrer Mutter gewesen sei. Gelegentliche Besuche dort waren geprägt von Steifheit und großbürgerlicher Etikette. Dorothea fühlte sich dort nie wirklich wohl. Es mochte daran gelegen haben, dass in der Regel die Mutter dabei war.

Zu ihrem jüngeren Bruder hatte sie eine Beziehung, wie eine ältere Schwester sie üblicherweise hat, protektionistisch. Später bewunderte sie seine intellektuelle Leistung. Freute sich, wenn er sie besuchte, was sehr selten ohne Anlass vorkam (Erstkommunion der Kinder, Heirat, runde Geburtstage, Beerdigungen).

Elias hatte keine Erinnerung an die Erzählungen über die Kindheit oder Jugend seiner Mutter. Sie scheint sich in Hamburg recht wohlgefühlt zu haben. Bei Erzählungen aus dieser Zeit tauchte immer wieder eine eigenartige Berichterstattung über die Ehe ihrer Eltern auf. Der Ehevollzug muss wohl auf der Hochzeitsreise im Schlafwagen von München nach Rom versucht worden sein. Die Großmutter war mit 19 Jahren sehr jung und nicht recht aufgeklärt. Und der Professor wohl auch nicht bzw. er war eher homophil als erfahren im sexuellen Umgang mit Frauen. Die Ehe war arrangiert worden durch den Bruder der Braut, den nicht praktisch veranlagten, letzten männlichen Spross der Familie. Es war ein lebenslang wirkendes Desaster. Jedenfalls ist die kinderreiche (immerhin drei Kinder) Erfahrung einer nicht glücklichen Ehe für Dorothea extrem wichtig gewesen. Der eigentliche Liebhaber und mental geliebte Mann von Dorotheas Mutter war ein Onkel, ein vornehmer, kaum beeindruckender Beau.

In Tübingen waren die Kriegserlebnisse prägend. Dorotheas Mutter hatte keine Ausbildung. Sie war zwar intellektuell hochgebildet, sprach fließend Französisch und Englisch und spielte fast profihaft Klavier. Aber eine Tätigkeit im Haushalt war ihr unbekannt und war nur im Rahmen einer hochgebildeten bürgerlichen Familie zu sehen. Hände wurden nicht schmutzig gemacht. Klavier wurde gespielt, sowohl solistisch als auch begleitend zum Gesang. Das Hauskonzert war wichtiger als das Tischdecken.

Ab 1914 mit Beginn des Ersten Weltkriegs veränderte sich Dorotheas Mutter von heute auf morgen und zwar grundlegend. Dem protestantischen Ideal entsprechend wurde sie aktiv im Versorgungssystem der Kriegsmaschinerie. Sie wurde Hilfsschwester und arbeitete in einem Krankenhaus.

Seit 1919 wohnte die Familie in Berlin.

Der Vater wurde von der Universität in eine hohe politische Position in Preußen geholt. Preußen war ein

Teil der Weimarer Republik. Im Unterschied zu den anderen dort vereinten Ländern war Preußen der wichtigste und letztendlich auch entscheidende Faktor in allen politischen Bereichen. Das preußische Kabinett war für Deutschland wichtiger als die Ministerien der Weimarer Republik. Von Dorothea wurde immer wieder betont, welche große Bedeutung der Großvater für die kulturelle Entwicklung von Deutschland gehabt hatte. Daraus zog sie ein Selbstbewusstsein und ein Identitätsgefühl, die allen Anfechtungen ihres Lebens standhielten.

Dorothea hatte nie darüber gesprochen, warum sie in ein Internat ging. Der ältere Bruder musste wohl auch dort gewesen sein, später war auch der jüngere dort. Für sie war das Internat eine Oase der frohen Tätigkeit. Der Gründer des Internats war ihr Idol: anderen helfen, nicht nur denken, sondern für andere da sein. Kein Schmusesex und immer sportlich fit.

Sie war sehr gut beim Gras-Hockeyspielen und eine gute Schwimmerin, bei der Feuerwehr war sie auch tätig. Dies muss wohl ihre erfreulichste Zeit in der Jugend gewesen sein.

Später liebte sie es, mit ihrem Sohn zusammen an Pfingsten die Ehemaligen-Zusammenkunft im Internat zu besuchen. Da fühlte sie sich wohl und unter ihresgleichen.

Nach dem Abitur wollte sie auf keinen Fall etwas studieren, das mit dem intellektuellen Gewicht der Eltern zu tun hatte. Vor allem wollte sie nicht bei den vielen potenziellen Verehrern sein, die die Eltern als Heiratsaspiranten ausgesucht hatten.

Sie wollte Mathematik studieren, die Eltern wollten das nicht.

Da ging sie nach England zu den Quäkern, eine sektenähnliche Institution mit dem Auftrag, anderen Menschen, vor allem den Armen, zu helfen.

Über ihre Zeit in England hat sie nie erzählt.

Zurück in Deutschland wurde sie zur OP-Schwester ausgebildet, zum Entsetzen der Eltern. Sie war die Lieblingsschwester des berühmten Chirurgen Sauerbruch. Sie hat bei der Trendelenburg Operation(Thrombus-Entnahme aus der Pulmonal Arterie) assistiert.

Der Zufall wollte es, dass ein schüchterner, gut aussehender junger Arzt zur selben Zeit in der Charité die Ausbildung zum Internisten absolvierte. Er kam vom Land und hatte Schwierigkeiten, sich im großstädtischen Gewühl zurechtzufinden. Er war blond, blauäugig, sportlich und vom Gedanken des ärztlichen Heilens beseelt. Und er war in keiner Weise im Fahrwasser der großbürgerlich-intellektuellen Gesellschaft. Dieser junge Arzt beobachtete die junge Schwester, wenn sie im schnellsten Stechschritt über das Gelände der Charité raste. Wenn sie um die Ecke bog, sah man erst vorauseilend eine linke Hand und dann kam diese bayerisch bebuste Schwester, schlank wie ein Modell mit idealistischen Gesichtszügen. Er war überwältigt. Und so konnte endlich auch Dorothea einen Mann zu Hause vorzeigen, der so gar nicht den Erwartungen der Eltern entsprach.

Der kannte weder Sokrates noch Goethe, geschweige denn Stefan George oder Furtwängler. Aber er benahm sich in dieser höchsten Stufe des damaligen Bürgertums formvollendet, sogar etwas altmodisch. Die gesellschaftlichen Umgangsformen hatte er bei der studentischen CV Verbindung erlernt und geübt. Durch Kommilitonen aus dem höheren deutschen Adel bekam er auch einen höheren „Schliff". Ein recht ungewöhnlicher, willentlich starker Adliger war sein bester und sehr enger Freund. Homophilie war absolut verpönt und ergoss sich nur mit Unmengen von Alkohol, meist Bier, in den gierigen Schlund der Studenten. Von der Strafe zeugen noch heute die eingeritzten Namen im Universitätskarzer.

Der junge Arzt und die etablierte Schwester wurden ein Paar. Auf einem Boot auf dem Wannsee. Aber das erste Geschenk, das der Aspirant der eben gerade nicht Intellektuellen, sogar das intellektuelle Getue ablehnenden Geliebten schenkte, war in völligem Unwissen der Anti-Haltung seiner Geliebten zu ebendiesem intellektuellen Denken: Platon, das Gastmahl.

Die Eltern von Dorothea waren nun wirklich nicht entzückt über diesen Landmann, der aus einer Gegend stammte, die es hätte gar nicht geben dürfen: Sauerland und Ostwestfalen. Und der Vater nur ein einfacher Landarzt. Na ja, der Sohn konnte ja noch Professor werden. Dorothea genoss die Überraschung. Besonders freute sie, dass er besser als alle berühmten Professoren den Vater ärztlich behandelte. Sie konnte somit sein Können auch den Eltern beweisen. Der Vater starb trotzdem. Es gab noch keine Antibiotika und der Vater hatte eine Lungenentzündung. Er hinterließ nur Schulden, die mit dem Verkauf einer Riesenbibliothek mit Mühe abgedeckt werden konnten.

Die Witwe zog an den Chiemsee. Dorothea konnte nun allen Wünschen ihres Arztes vom Land entsprechen.

Erstens sollte sie Medizin studieren.

Zweitens sollte sie katholisch werden.

Damals dauerte das Medizinstudium sehr lange.

Dorothea war noch lange Schwester und zwar meistens Unterrichts-Schwester. Sie bildete viele Lehrgänge von Schwestern aus. Mit sanfter, aber sehr fester Stimme hielt sie lebendige Vorträge. Sie hatte kleine Spickzettel. Dies war dann auch später in Westfalen so.

Dort unterrichtete sie die Landfrauen in Alterspflege und Sexualkunde, was SIE BESONDERS GERNE TAT: Sie hatte diese Vorlesungen in Stichworten vorbereitet. Eine unglaubliche Paradoxie zwischen eigener Lebensführung und geistiger Verarbeitung. Denn sexuelle Aktivität war sicherlich nicht ihre prädominante Wunschvorstellung.

Die religiöse Erneuerung mit dem Übertritt zur katholischen Kirche musste natürlich auch die Ehre der Familie retten. Deswegen wurde der bedeutendste katholische Theologe und ehemalige Freund des Vaters, Romano Guardini, als Intellektueller für die Bekehrung der Tochter Dorothea verpflichtet. Er bildete sie aus in katholischer Religion. Dabei war es wichtig, dass Romano Guardini als hochintellektueller Professor Spezialist für Dostojewski war.

Diese intellektuelle Seite der Religion hat Dorothea immer behalten. Ob sie jemals wirklich katholisch wurde, ist nicht gesichert. Jedenfalls meinte sie, dass die katholische Religion ihr die Stabilität verliehen hätte, die Unbill des weiteren Lebens zu ertragen. Die erste Kommunion empfing sie mit der Frau ihres jüngeren Bruders dann später.

In Berlin wurde Dorothea getauft.

Das Bild von der Hochzeit zeigt in höchstem Maße den durchdringenden Blick der Braut, die unglaubliche emotionale Wirkung ihrer Person und die Durchdringung ihrer Gedanken in die Welt. So hat sie ihren Mann geliebt, so hat sie aber niemals ihre Liebe wieder zurückbekommen. Das war ihr aber egal. Beide waren aufgehoben in einem religiösen Denken und möglicherweise auch einem religiösen Gefühl. Das wurde aber nicht besprochen.

Viele Fotos von Dorothea zeigen diesen Blick, der oft abgemildert ist, aber letztendlich immer bedeutet, ich liebe dich, ich mag dich, ich sorge mich um dich. Meine Empathie und meine Gefühle gebe ich dir. Ich lebe eine vibrierende Empathie mit allen Lebewesen. Wir sind in Gott eine Gemeinschaft. Und der Teufel interessiert uns gar nicht. Niemand konnte diesem Blick widerstehen.

Durch den Blick auf den Landarzt Bräutigam hat sie auch die schwierigen Beziehungen ihres Vaters zu jungen Männern unschädlich gemacht.

Nachdem Dorotheas Mann vor den Nazis nach Italien geflohen war und wieder zurückdurfte, indem er in den militärischen Dienst eintrat, zog die Familie bzw. zunächst nur das Ehepaar nach Berlin. Die Geburt ihrer ersten Tochter war ein Desaster für sie. Ihre Mutter hatte sie dazu gezwungen, die Tochter am Chiemsee zur Welt zu bringen. Ein halbes Jahr war sie dort. Der Vater der Tochter wollte die Tochter über 14 Tage lang nicht sehen, da sie ein Mädchen war und kein Sohn. Er weigerte sich, dieses Mädchen ernst zu nehmen. Dann kamen der Krieg und die ganze Problematik der Abwesenheit des Vaters und die Angst um ihn. Dorothea hat alles in unglaublicher Ruhe und mit einem Gleichmut überstanden, den man nur bewundern kann. Als Nächstes bekam Dorothea einen Sohn und machte damit den Vater glücklich. Dorothea war auch glücklich, ihm dieses Geschenk machen zu dürfen. Aber dann kamen die entsetzlichen Ängste, dass eventuell der Vater nicht zurückkommt. Die Kinder spürten, dass die Beziehung zwischen den beiden von einer großen Wärme und gleichzeitig auch einer emotionale Nüchternheit und Kühle geprägt war. Das Beten für den Vater war eine Selbstverständlichkeit an jedem Abend. Dorothea legte großen Wert darauf, dass die Kinder immer eine Beziehung zum Vater hatten. Sie selbst war diesem Mann in jeder Hinsicht erlegen. Er hatte ihr aufgetragen, dass in dem Augenblick, in dem eine fremde Nation europäisches Gebiet betritt, sie sofort die Gegend verlassen und alles stehen und liegen lassen, die Kinder nehmen und nichts anderes mitnehmend so schnell wie möglich an den Chiemsee fliehen sollte. Selbstverständlich hat sie diesem Mann nun gehorcht. In vollem Gehorsam nahm sie die beiden Kinder und fuhr mit ganz wenigen Habseligkeiten zur Mutter. Sie nahm nur mit, was sie mit ihrem Mann zusammen von hohem Wert gekauft hatte: eine Madonna von Jacopo Amigoni und einen Lampenständer aus Schmiedeeisen.

1942 ZWEITER WELTKRIEG

Fall 7

Dort übernahm sie die Praxis eines Allgemeinarztes, da alle Männer im Krieg waren. Sie hatte keine Erfahrung in der medizinischen Versorgung, aber ein sehr natürliches Empfinden für Krankheit, Gesundheit und eine sinnvolle Therapie.

Mittlerweile war das Haus ihrer Mutter zum Zentrum aller Verwandten geworden, die kriegsbedingt keine Wohnung mehr hatten.

Die täglichen Pflichten in der medizinischen Versorgung der Bevölkerung standen für Dorothea an erster Stelle und erst an zweiter Stelle kam die Sorge um und für die Kinder und um den Vater. Die Beziehung zu ihrer Mutter war in dieser Zeit von den Kindern aus gesehen nicht ideal. Sie gingen sich aus dem Weg. Die alte Dame konnte es nicht ertragen, dass eine einfache Ärztin doch mehr Anerkennung von außen bekommt als sie, die Hausbesitzerin, ohne die die Versorgung nicht möglich gewesen wäre. Die Erziehung der Kinder durch Dorotheas Mutter war sehr hart und erbarmungslos. Der Erziehungsstil von Dorothea war entgegengesetzt. Wenn die Kinder nachts noch Hunger hatten, durften sie auch nachts noch essen. Dagegen war Dorotheas Mutter absolut restriktiv. Hinter ihrem Rücken brachte Dorothea ihren Kindern nachts zu essen. Es sei doch verständlich, dass die Kinder nachts Hunger hätten; schließlich gab es tagsüber auch nichts zu essen. Wenn eines der Kinder krank war, nahm die Großmutter das Kind, stellte es in die Badewanne und duschte es kalt ab. Damit war für sie die Krankheit erledigt.

Dann kam die Nachricht vom Tod des ersten Sohnes von Dorotheas Mutter, Benjamin, dessen Kinder und dessen Frau bei ihr wohnten. Eine gemeinsame Trauer haben die Kinder nicht wirklich wahrgenommen.

NACH 1946

Fall 9

Endlich hörte man, dass der Ehemann von Dorothea in amerikanischer Kriegsgefangenschaft war. Als er zurückkam, war Dorothea im siebten Himmel und glücklich. Sie nahm in Kauf, dass wohl nur vorübergehend die Familie in ein kleines Dörfchen in Ostwestfalen zog, in dem es kein Telefon gab, die Toilette keine Wasserspülung hatte, und auf der Straße kein Teer, sondern nur Schmutz lag. Die Menschen waren schrecklich. Aber Dorothea empfand es nicht als Wirklichkeit. Sie liebte ihren Mann und tat alles für ihn, was möglich war. Sie ertrug es sogar, dass er sie degradierte, indem er ihr nicht zutraute, selbst ärztlich tätig zu sein. Das durfte sie erst, nachdem er aus Krankheitsgründen nicht mehr als Arzt praktizieren konnte. Dann hatte sie auch großen Erfolg.

Und sie ertrug es auch, dass er allmählich eine Sprechstundenhilfe zu seiner Geliebten machte. Unter demselben Dach lebten dann diese drei Menschen – zusätzlich am Anfang noch die Mutter ihres Ehemannes. Das sogenannte „Ömchen" pflegte gemeinsam mit Dorothea die intensive Hinwendung zur katholischen Religion. Allerdings war die Schwiegertochter eine Konvertitin, die sicherlich nicht so intensiv religiös sein konnte wie Ömchen selbst. Zwischen den beiden herrschte eine achtsame, respektvolle Akzeptanz, aber nie eine Herzlichkeit. Der Sohn war der Sohn, und der Mann war eigentlich nur Sohn.

Die Situation entwickelte sich für Dorothea zu einem problematischen Leben. Sie hatte mit der Persönlichkeit, die sie bisher entwickelt hatte, überall Anerkennung gefunden. Aber hier war die Distanz zwischen Dorothea und der Bevölkerung so ähnlich wie zwischen Himmel und Hölle. Ihr Mann sprach Plattdeutsch mit der Bevölkerung und sie erlebte ihn selbst wie die dort lebenden Bauern und Geschäftsleute. Das war für sie so schrecklich, dass sie sich immer mehr zurückzog. Anfänglich hatten sie noch hin und wieder Sex. Daraus entstand dann das dritte Kind. Bald zog der Ehemann aus dem gemeinsamen Schlafzimmer aus mit der Begründung, dass nachts so viele Patienten als Notfälle kamen, dass Dorothea zu sehr gestört würde. Er wurde ersetzt durch den Sohn, der nun bis zum Studium das Ehebett mit seiner Mutter teilte. Dieser wurde allerdings vom Vater nicht als Konkurrent angesehen, weil er sich wie ein Mädchen benahm, keine Männlichkeit zeigte, nie kämpfte, völlig unsportlich war, immer gleich weinte, immer krank und hinfällig war und noch dazu sich mit Dichtung, Philosophie und Musik beschäftigte. Er spielte Geige, und zwar die von seiner Mutter. Die beiden waren für den VATER EINE EINHEIT, gegen ihn gerichtet. Aber mit dem Vater wollte dieser Sohn nichts zu tun haben. Es sei denn, er würde – der Mutter ähnlich – auch die katholischen Rituale achten. Dies war dem Vater allerdings nach den schrecklichen Erfahrungen des Krieges nicht mehr möglich.

Zum Leidwesen von Mutter und Sohn musste der Sohn dann in ein Internat etwa 100 km westlich vom

Wohnort entfernt. Wenn immer es möglich war, besuchte Dorothea den Sohn in dem Internat und spendierte ihm die Herrlichkeit eines Kakaos mit Sahne. An jedem Wochenende schrieben sie sich einen langen Brief, in dem hauptsächlich philosophiert wurde. Gefühle spielten keine Rolle. Auch bei Besuchen gab es keine Umarmung oder einen Kuss. Dorothea war das Sorgenkind des Sohnes, der sich dafür verantwortlich fühlte, dass es ihr gut ging.

Allerdings fühlte er sich auch verantwortlich für die Beziehung zwischen Mutter und Vater. Von früher Kindheit an fühlte er sich verpflichtet, diese beiden zu unterstützen, damit sie ihre Beziehung aufrechterhalten konnten. Dorothea hat es wohl gut verstanden. Sie nutzte ihren Sohn als Mittler und Vermittler zu ihrem Mann. Die intellektuelle Seite der Religionen und zusätzlich – am Anfang noch bis zum 16. Lebensjahr des Sohnes – die emotionale Bindung an die Rituale waren die Bedingung der Möglichkeit einer religiösen Erfüllung. Je älter der Sohn wurde, umso mehr wurde die intellektuelle Seite der Religion die Basis ihrer Beziehung. Auch die spätere Abwendung des Sohnes von der religiösen, katholischen Glaubenslehre tat dieser Beziehung keinen Abbruch.

Die Religion und die letztlich weiter protestantisch verformte Ausübung der katholischen Praxis mit Messen und Kommunion behielt die stützende Funktion und sogar am Leben erhaltende Grundlage der Restemotionen von Dorothea.

Die komplizierten Reaktionen von Dorothea auf das Vagabundenleben des Sohnes, mit vielen Tränen und noch mehr bewundernden Erzählungen an die Adresse der

Westfalen – mochten sie nun freiwillig oder gezwungenermaßen den Berichten von „Frau Doktor" zuhören –, blieben der Lebensinhalt von Dorothea, neben der doch bestimmenden sorgfältigen Betreuung des kranken Ehemannes, der sich eine zusätzliche Pflegekraft zugelegt hatte, mit der er sich eine lange intime Beziehung neben und unter dem Dach von Dorothea erlaubt hatte. Dorothea SCHRIEB ALLES DER GNADE GOTTES zu. Der Sohn erfüllte schließlich die Aufgaben eines Familien-Gesandten. Damit waren die Pflichtaufgaben für die Gesellschaft auch von Dorothea erfüllt.

Der letzte Opfergang war dann der Tod von Dorothea, den sie als beste Lösung für ihren Mann erkannte. Sie verabschiedete sich unter erheblichen schmerzhaften KÄMPFEN, ABER FROH, ZULETZT IHREN Sohn noch gesehen zu haben, der aus Polen vom Kongress noch rechtzeitig zurückkam, um ihm seinen Namen zuzurufen, damit er weiß, wie bedeutend er für Dorothea war. Oder meinte sie, er wäre der Einzige, der ihr beistehen würde???

Als dann genau ein Jahr nach Dorotheas Tod dem Sohn ein Mädchen geboren wurde, war allen Beteiligten klar, dass dieses Mädchen eine Reinkarnation, zumindest teilweise, von Dorothea war. Die körperliche Ähnlichkeit, Gesicht und Blick, Körper, Art und die schönen Beine, Geigenspiel und Freundlichkeit, Empathie und vieles mehr waren ebenbürtig unter dem Motto:

Liebe dich selbst und bleibe den anderen eine Hilfe in allen Lebenslagen.

Als Dorothea 40 Jahre wurde, war der Krieg vorbei und ein Neuanfang noch nicht wirklich abzusehen. Wir wissen heute:

Das Leben ist Krieg und der Frieden entsteht in uns selbst.

Oder wie der Sohn immer sagt:

Krieg ist der Vater des Friedens.

Ganz selten empfing Elias auch Botschaften aus der Vergangenheit:

SCHULE 1923

Fall 9

Menschenformung als Gegenwartsproblem

Menschenformung als Gegenwartsproblem ist ein wahrhaft gigantisches Problem, dessen Erörterung von verschiedenen Gesichtspunkten aus versucht werden soll. Man kann sich ihm nur dann zu nähern wagen, wenn man den optimistischen Glauben an die Formbarkeit des Menschen mit dem an ein menschliches Idealbild, das sich als Ziel der Formung bietet, verbinden kann und zugleich diese Aufgabe als aus der spezifischen Not der Gegenwart geboren betrachtet. Der reine Philosoph wird das Problem anders anpacken als der praktische Pädagoge. Der Philosoph, selbst wenn er zugleich Pädagoge ist, wird von der Frage ausgehen müssen: Was wissen wir von dem Realitätsgrund der Gegenwart? Der praktische Pädagoge dagegen wird, selbst wenn er sich in theoretischem Gewande nähert, niemals die auf Erfahrung beruhende Fragestellung des echten Praktikers vermissen lassen. Der Kulturpolitiker ist dazu berufen, aus der Ideenwelt des Philosophen und aus der praktischen Erfahrung des Schulmannes die Konsequenz der Verwirklichung des Verwirklichbaren zu ziehen. Er kann nicht in die letzten Tiefen des reinen Denkens hinabsteigen, muss es aber kennen und verwerten, und er muss auch die Praxis der Erziehung überblicken, ohne darüber die in die Zukunft weisende Idee aus dem Auge zu verlieren. Der Theoretiker übersieht zu leicht das Mögliche und der Praktiker das Denkbare. Das Mögliche mit dem Denkbaren in der Verwirklichung in eine lebendige Synthese zu verwandeln, das ist die vornehme und eigenartige Aufgabe des Kulturpolitikers, der also neben dem Philosophen und Pädagogen in eigener Verantwortlichkeit spricht und handelt.

Lebt der Philosoph im kühlen Reich der Ideen und steht der Pädagoge im heißen Kampf um die Seele und den Geist der Jugend, so ist es die Aufgabe des Politikers, die Forderungen beider mit der Gesamtsituation der materiellen und geistigen Lage der Nation in Einklang zu bringen. Das Thema heißt also nicht „Menschenformung" schlechthin, denn wir brauchen nicht den weiten Weg von Sokrates bis zu Pestalozzi gemeinsam zu durchwandern und die Versinnbildlichung in dieser uralten menschlichen Sehnsucht vom Prometheus-Mythos der Antike bis zu Shaws Pygmalion zu untersuchen. Unsere Aufgabe besteht darin, die Notwendigkeit der Formung von Menschen aus dem spezifischen Charakter der Gegenwart zu entwickeln.

Wodurch unterscheidet sich unsere Zeit von allen früheren Epochen? Der materielle Unterschied liegt auf der Hand: die unvergleichbare Technisierung und Rationalisierung unseres ganzen Lebens, die Überführung aller Probleme in Massenprobleme, das Verschwinden des Raumes durch den Verkehr, die Beendigung der Isolierung durch das Nachrichtenwesen, die Ausbreitung der Bildung und damit die verantwortliche Mitwirkung aller

Volksschichten, um nur einige der wichtigsten Gesichtspunkte aufzuzählen. Und das alles sich entfaltend in einem sich von Tag zu Tag so gewaltig steigernden Tempo, dass eine gleichzeitige innere Anpassung an den materiellen Fortschritt und damit seine geistige Überwindung zur Unmöglichkeit wird. Zeigen sich schon hierbei Ansätze zu einer Krise der Kultur, so ergibt sich die katastrophale Situation der Gegenwart aus der Überlegung, dass wir nicht nur das Tempo unseres Fortschritts nicht mehr meistern, sondern dass materielle Entwicklung und weltanschauliches Gegengewicht jedes Verhältnis zueinander verloren haben. Die weltanschauliche Freiheit der Antike war weltanschauliche Gebundenheit, wenn man den Blick vom Einzelnen auf die Gesamtheit wirft, und zwar ganz gleichgültig, ob man dabei an das spekulative Feld der Vorsokratiker oder an die wahrhaft „kopernikanische" Wendung des Sokrates oder an die religiöse Bindung der Spätantike denkt. Die weltanschauliche Geschlossenheit des Mittelalters ist unser aller lebendiger Besitz. Aber auch die Aufklärung, die anstelle der grundsätzlichen letztlichen Sündhaftigkeit die ebenso grundsätzliche Güte der menschlichen Seele setzte, war im Grunde trotz aller Verherrlichung der Vernunft, ja gerade deswegen, nichts anderes als eine neue Dogmatik nur mit veränderten Vorzeichen, und ist es in zahlreichen Ausstrahlungen bis zum heutigen Tage geblieben. Auch die großen Philosophen der idealistischen Zeit nahmen ihre Kraft und letzte Wirkung irgendwie aus einem Absoluten, in dem ihre Philosophie letzthin ruhte.

Das Charakteristische der geistigen und seelischen Lage der Gegenwart besteht darin, dass zum ersten Mal in der inneren Geschichte der Menschheit nicht nur die

Einheitlichkeit der Weltanschauung aufgehört hat zu existieren, sondern dass die Tatsache einer Weltanschauung überhaupt problematisch geworden ist, weil alle Grundlagen der Erkenntnis wie des Gefühls sich aufzulösen scheinen. Alle großen Weltanschauungsgemeinschaften der Gegenwart wie die philosophischen werden sich in den nächsten Jahrzehnten mit dem Wandel der Elemente ihrer Sinngebung des menschlichen Daseins im Rahmen der Naturzusammenhänge auseinanderzusetzen haben. Die Erhabenheit des Göttlichen kann dabei nur gewinnen, aber die Gottähnlichkeit des Menschen wird wohl einer bescheideneren Formulierung seines Wesens Platz machen müssen.

Die Unzulänglichkeit des menschlichen Gehirns gegenüber den stetig wachsenden Aufgaben ist nicht mehr zu leugnen. Es geht schließlich über unsere Kraft. Man kann das bedauern, aber man soll nicht den Kopf in den Sand stecken und es nicht wahrhaben wollen.

Ist diese Bescheidung schon dem zwischenmenschlichen Geschehen gegenüber am Platze, um wie viel mehr erst den physikalischen, biologischen und psychologischen Tatsachen, mit denen uns die neuere Forschung bekannt gemacht hat. Man könnte als Menschenbildner sagen: Nun gut, kehren wir zum Menschen zurück. Er ist dem Zugriff unserer Erkenntnis als biologische Tatsache wie als psychologische Erscheinung verständlich und erreichbar. So einfach ist die Aufgabe aber leider nicht, denn auch auf biologischem und psychologischem Gebiet sind die bisherigen Voraussetzungen aller Erzieher-Arbeit vollkommen infrage gestellt.

Ein Sonderfall in dieser biologisch-psychologischen Atmosphäre, aber für den Pädagogen von grundlegender

Bedeutung ist die Psychoanalyse. Freuds Lebenswerk ist eine der Großtaten moderner Wissenschaft, sosehr seine geniale Entdeckung auch durch dilettantischen Übereifer seiner Gefolgsleute im Einzelfall diskreditiert werden konnte. Die Welt des Unbewussten ist nicht von ihm entdeckt, aber der Weg gefunden worden, Hemmungen aus der Tiefe des Unbewussten in das Bewusstsein zu heben und damit zu beseitigen. Im ganzen Bereich der Medizin gibt es keine Disziplin, die noch so viel zu lernen hätte wie die Psychiatrie. Zweifellos liegen hier Entwicklungsmöglichkeiten, über die man sich durch keine billige Kritik psychoanalytischer Übertreibungen täuschen lassen sollte. Es kommt darauf an, sich über das Denkbare und Mögliche klar zu werden. Mit den einfachen Rezepten positivistischer Aufklärung ist hier nicht weiterzukommen. Das Entscheidende ist, dass wie im physikalischen Weltbild auch in der menschlichen Sphäre alle sicheren Anhaltspunkte verloren gegangen sind. Tröstlich mag dabei sein, dass auch dem freigeistigen Ansturm gegen den Gottesbegriff jeder Boden entzogen worden ist. Denn wenn unser kritisches Denken dazu kommen sollte, unerkennbare Welten als existent, wenn auch außerhalb unseres Denkvermögens liegend, nicht nur als möglich anzuerkennen, sondern als bestimmt vorhanden zu fordern, so ist das seelische Bedürfnis nach metaphysischen Realitäten nicht länger nur ein Postulat unabhängig von unserem kritischen Denken und unabhängig von der Welt des Erkennbaren, sondern es erscheint in weiter Ferne eine Versöhnung zwischen dem Rationalen und Irrationalen in einer höheren Ebene. Um dieses Ziel zu erreichen, wird unsere Erkenntniskritik ganz neue Wege beschreiten müssen.

Unentrinnbar führt all unser Suchen nach fester Objektivität immer wieder zur Subjektivität zurück, d. h. zum Menschen. Was heißt das aber: Mensch sein, wenn wir vernommen haben, wie klein der Mensch ist im Rahmen eines modernen Weltbildes, eine Mikrobe in der Schimmelkruste eines erkaltenden Planeten, der sich doch selber nur wie ein Sandkörnchen in der weltweiten Wüste des Universums ausnimmt? Und dieses Ich-Bewusstsein des Menschen selbst sei wieder abhängig von biologischen und psychologischen Bindungen, die seine Existenz wie sein Werden bestimmen. Nihilismus, vollendeter Nihilismus, wird man schaudernd denken. Ja, es ist richtig, wie der Reiter über den Bodensee gleitet der denkende Mensch von heute in seinem Zivilisations- und Wissenschafts-Rausch über unsichtbare Abgründe hinweg. Wie wenige Menschen machen sich klar, dass die Grundlagen unserer geistigen Existenz tatsächlich schwanken, dass unsere Wissenschaft auch nichts anderes mehr ist als eine Art von gelehrtem Fürwahrhalten, dass viele großartige spekulative Aussagen nichts anderes sind als die gelehrte Verbrämung, ja die Verschleierung unseres Nichtwissens.

Und dieser Nihilismus herrscht in der Praxis bereits viel stärker als in der Theorie. Viele der unerfreulichsten Erscheinungen der Gegenwart sind doch nichts anderes als die Folge einer skeptischen Weltanschauungslosigkeit. Da man mit dem Verstande Schiffbruch erleidet, der alte, dogmatische Glaube aber nicht mehr bindet, fehlt vielen die feste Basis ihrer Orientierung in Welt und Leben. Andere aber halten sich noch mit der Halsstarrigkeit der Verzweiflung am Intellekt fest, weil sie die Bodenlosigkeit einer nihilistischen Haltung unbewusst fürchten und merken gar nicht, dass der Glaube an den Intellekt nur eine der Formen moderner Gläubigkeit ist.

Wer Menschen formen und bilden will, kann es nur mit absoluter Ehrlichkeit tun. Menschenformung ist etwas so Heiliges, die entscheidende Aufgabe unseres Daseins, ja der Sinn der Welt, wie wir Menschen sie erfassen können, dass es wohl lohnt, diese Grundlage dieser Arbeit weltanschaulich zu begründen. Man muss den Mut und die Kraft haben, an den Sinn des Lebens zu glauben. Erkennen können wir ihn nicht. Das Ewige, Göttliche oder wie man das Absolute nennen mag, bleibt unerkennbar. Aber es muss wohl in uns wirksam sein und nur dadurch wird das sonst Sinnlose zum Sinnhaften. Schien vor Kurzem der Höhepunkt unserer Erkenntnis zugleich die Katastrophe unserer Insuffizienz, so können wir hier stolz behaupten, dass die Erkenntnis der differenziertesten Natur- und Schicksalsgebundenheit unseres Daseins zugleich den höchsten Triumph des menschlichen Geistes darstellt. Mit Beweisen und Erkennen ist hier nichts mehr zu wollen. Wir stehen hier in der Ebene des Glaubens und des Bekennens. Ein Willensentschluss ist es, keine Erkenntnis, wenn wir an den Menschen glauben, wenn wir anthropozentrisch vom Menschen aus die Welt unseres praktischen Seins aufbauen und orientieren. Der Glaube an die Heiligkeit oder Göttlichkeit des Menschen ist die Erlösung aus dem Zusammenbruch unserer Erkenntnis.

Man kann die Frage nach der Stellung des Menschen in der geistigen Problematik der Gegenwart gar nicht erörtern, ohne immerfort die praktischen Fragen der Menschenformung, d.h. der Erziehung zu erörtern. Die großen Erziehungsprobleme der Gegenwart sind die praktischen Konsequenzen einer eigenartigen geistesgeschichtlichen

Problemlage, die sich aus der Gesamtentwicklung unseres Zeitalters ergibt. Pädagogik ist die verantwortliche Auseinandersetzung von Mensch zu Mensch in spezieller Anwendung auf das Verhältnis des Erwachsenen zum Jugendlichen. Wenn die Psychoanalyse die Bedeutung infantiler Eindrücke erschlossen hat, so ergibt sich daraus eine bisher unbekannte Verantwortlichkeit eines jeden gegenüber dem Kinde. In einigen Gegenden der Welt werden Kinder wie in einer Expedition von ihrem Zuhause einmal im Jahr in die Schule gebracht – unter Einsatz von Leib und Leben des Kindes und des erwachsenen Begleiters. Hier sieht man eine natürliche Verhaltensweise ohne philosophische Begründung in einem ruralen ursprünglichen Leben von sehr armen Bauern (Nepal), in dem das Kind der höchste Wert des Lebens ist, nämlich die Be-Wahrung der Zukunft.

Bei der Gesamtheit der zu entwickelnden Anlagen braucht man an den Intellekt am wenigsten zu denken, da seine Pflege historisch traditionell überwiegt. Umso stärker müssen Körper und Seelenkräfte entwickelt und gepflegt werden, um die notwendige Harmonie des ganzen Menschen zu wahren. Die alte, rein intellektuelle Bildung hatte ihre Pflegestätte auf rein individualistisch gerichteten Forschungs- und Lehrstellen. Die Gesamtbildung des neuen Menschen fordert einen neuen Typ von Hochschulen. Hier liegt der tiefste Grund dafür, dass die neue Lehrerbildung mit ihrer Aufgabe der Menschenbildung nicht an Stätten verankert werden durfte, die ihrer ganzen Tradition nach ausschließlich der Bildung des Intellekts gewidmet sind.

In ferner Zukunft ist ein Ausgleich unerlässlich, im Augenblick wäre eine Konzentrierung der Lehrerbildung auf die Universitäten der Tod des neuen Geistes und damit der Ruin der Volksschule geworden. Wir wollen nicht nur Bildung des Verstandes, sondern FORMUNG des Menschen.

Die neue Pädagogik muss die soziale Gebundenheit des Menschen in Familie, Arbeitsverbund, Gesinnungsgemeinschaft, Stammes- und Sprachzughörigkeit ins Auge fassen und darf dabei über den sich oft überschneidenden soziologischen Untergruppen niemals die wichtigste Bindung an die Gattung Mensch außer Acht lassen.

Ein Sonderproblem im Verhältnis des Individuums zur Gemeinschaft ist die Frage nach der Spannung zwischen dem Nationalen und dem Internationalen, d. h. nach der Beziehung zwischen Individuum, Nation und Menschheit. Echter internationaler (menschenfeindlicher) Geist stammt aus der gleichen Quelle wie die soziale und religiöse Toleranz. Nur wenn der Mensch im anderen Menschen, welcher Nation, Klasse oder Religion auch immer, das Ewige und Göttliche anerkennt, das er in sich selbst erlebt, und für das er den Respekt der Mitmenschen fordert, dann ist die seelische Voraussetzung geschaffen, auf der der Tempel einer neuen Menschheit sich erheben kann. Menschenformung ist für die Gegenwart noch ein Problem, sie wird Aufgabe und Inhalt der Zukunft sein. Alternativ ist der Untergang der Menschheit sicher.

Zitiert leicht verändert aus: Menschenformung als Gegenwartsproblem (Vortrag gehalten in der Deutschen Akademie für soziale und pädagogische Frauenarbeit)1. Archivaliensignatur Geheimes Staatsarchiv Preußischer Kulturbesitz, VI. HA, Nl Becker, C. H., Nr. 1521 Kontext: Becker. Rechteinformation: Geheimes Staatsarchiv Preußischer Kulturbesitz)

Elias wurde von diesen hochintellektuellen Geistesergüssen quasi überflutet. Er bekam eine grässliche Magen-Darm-Störung für mindestens 14 Tage und fühlte sich elendiglich. Er wollte seinen neuen Job an den Nagel hängen und sich nie wieder in die geistigen Bewegungen mit fantasmagorischen, pädagogischen Absichten einschalten. Jedoch konnte er dieses geistige Potpourri nur ertragen, indem er sich ganz der Pädagogik auslieferte und Folgendes empfing: Was du gerade gehört hast, vergiss es sofort, es hat keine Bedeutung, es ist intellektuelles Geseiere. Ein philosophischer und geistiger Anachronismus. Die Verkapselung der inneren Molluske.

Nach einer Zeit der Erholung und einem Reset seiner Empfindungen wieder auf null erhielt Elias eine sehr jugendliche Stimme mit vorsichtigem Erzählton: Hier ist die neue Generation:

SCHULE 1958

Fall 11

Ein Schüler, der die Versuche zur Schulreform in Deutschland verfolgt, fragt sich, ob die verantwortlichen Stellen, die sich um solche Versuche theoretisch wie praktisch bemühen, wissen, um wen sie sich bemühen. Sie wissen nicht, ob sie den Schüler und seine Probleme in der gegenwärtigen Situation durch Erfahrung kennen oder ob sie aus der allgemeinen Verworrenheit des geistigen Lebens schließen, dass grundsätzlich etwas geschehen muss. Vielleicht kann der Erwachsene die Fragestellungen des Schülers gar nicht verstehen, wenn er ihn beobachtet, sondern er muss in anderer Weise Einsicht in das Schülerleben gewinnen. Der Schüler stellt sich nun die Frage, inwiefern die Einsicht in das Schülerleben und die daraus entstehenden Schulformen, speziell die Schulreform, der tatsächlichen Situation des Schülers entsprechen. Die Beantwortung dieser Frage verlangt dem Schüler zu viel ab. Die Angleichung der Theorie an die Praxis muss der Schüler den Erziehern überlassen. Wichtig für den Schüler ist nur: Er muss sich selbst und seine Umwelt beobachten. Der Schwerpunkt dieser Beobachtung liegt auf der Erfahrung, die er als Persönlichkeit in der Gemeinschaft, in der Stellung zum öffentlichen Leben und mit sich selbst macht, um von hier aus die Struktur seiner Persönlichkeit zu erkennen. Denn gerade die Persönlichkeit müsste der Hauptgegenstand der Erziehung bzw. der Bildung sein. Die Erfahrung seines Verhaltens in den oben genannten Bereichen macht deutlich, welche Aufgaben er an sich selbst zu lösen hat.

Die Erfahrungen eines Schülers werden hier aufgeschrieben, beschränkt auf die Schaffenspersönlichkeit des Schülers. Unter Schaffenspersönlichkeit ist der Teil des Menschen zu verstehen, der mit der Kraft aus dem Inneren der Persönlichkeit äußerlich durch seine schöpferische Tätigkeit in Erscheinung tritt. Jeder Schüler kann die Erfahrung machen. Er hat die Möglichkeit dazu. Diese Möglichkeit wird von den wenigsten Schülern genutzt. Denn Folgendes stellt sich dem Schüler dar, wenn er die Möglichkeit zu sehen wahrnimmt: die Glieder der Gemeinschaft der Klasse, in der er einen großen Teil des Tages verbringt. Die Schüler kennen sich untereinander kaum: die Namen schon, oder wo der andere wohnt. Vielleicht, welchen Beruf der Vater hat, was der andere in seiner Freizeit tut. Ob er Schwierigkeiten in der Schule oder zu Hause hat, das alles passt nicht in die Gedankenwelt eines Schülers. Er hat mit sich selber genug zu tun. Ob der andere mit ihm Tennis spielt oder mit ihm tanzen geht, ist schon eine häufiger gestellte Frage. Aber nur wenn es mit dem Ich zusammenhängt. Der andere als solcher hat gar keinen Raum in dem eigenen Ich. Warum sollte das Ich sich um ihn kümmern? Das Ich geht morgens in die Gemeinschaft der Schule bzw. Klasse, damit es billig das Abitur machen kann. Oder wenn es hochkommt, sich auf einen Beruf vorbereiten kann, der Geld und auch eine innere Befriedigung bringen soll. Das tut der andere wohl auch. Darum lässt das Ich ihn in Ruhe. Der andere kann dem Ich nicht helfen. In der Not, wenn zum Beispiel eine Klassenarbeit geschrieben wird, nimmt das Ich manchmal eine Belehrung an. Da wird das Ich gefährdet. Das Ich könnte plötzlich merken, dass es nichts vermag. Das wäre schlimm. Das Ich kann sogar mehr als der Lehrer. Der Lehrer hat auch schon mal ein besseres Fachwissen, aber sonst steht das Ich weit über dem Lehrer und der Gemeinschaft.

Diese Schilderung mag zu manchen Erörterungen reizen. Gerade dadurch, dass das Ich aus der Gemeinschaft herausgelöst wird, regt diesen Teil des Menschen besonders an: Für sich selbst arbeitet der Mensch am liebsten.

Das Ich arbeitet in Gemeinschaft für sich, aber das ist nur äußerlich möglich. Dem Ich muss es gut gehen. Je nach Bedürfnis muss es Geld, Vergnügen haben oder das geistige Interesse befriedigen. Doch ist dazu eine Persönlichkeit notwendig, eine Schaffenspersönlichkeit? Da braucht man nichts Individuelles, Eigenständiges. Die verschiedenen Ichs können sich gleichen. Ein Ich kennt das andere Ich nicht. Die Erfahrung, Veranlagung sei es, dass der andere besser oder genauer oder auch schlechter denkt, regt die Schaffenspersönlichkeit an. Wir brauchen nur an Aristoteles zu denken oder an jeden Philosophen, der erst aus der Auseinandersetzung mit dem Vorgänger etwas Neues schafft oder an die Grundforderung der Demokratie: den Wettbewerb. Die Gemeinschaft nicht auszunutzen lässt die größte Möglichkeit des Menschen, die Schaffenspersönlichkeit, verkümmern. Das Ich hat es nicht nötig, Neues aus dem Inneren heraus zu schaffen. Die Schaffenspersönlichkeit wird angeregt durch den Dienst für die Gemeinschaft. Die Gemeinschaft könnte zu vielen Taten veranlassen. Der Nutzen für die Gemeinschaft regt die Schaffensfreudigkeit an. Das Ich wird aus der Selbstgefälligkeit gerissen und in die Wirklichkeit versetzt. Doch in dieser Situation sieht der Schüler nicht die Wirklichkeit. Er sieht nicht, wie er sich zu sich selbst erheben müsste, zur Entfaltung seiner Schaffenspersönlichkeit, um den anderen gerade damit zu nutzen. Die Gemeinschaft wird als Last empfunden. Sie hemmt durch die ihr innewohnende Ordnung zu tun, was dem Ich beliebt.

(Leicht gekürzte und ein wenig in die Jetztzeit transponierte Hausarbeit eines 17-jährigen Theodorianers <Paderborn> 1957)

Nach diesen leicht zu einfach eingeschätzten Bemerkungen war Elias auf der Hut. Es schien, als bekäme er jetzt die Aufgabe, eine neue Menschheit zu generieren. Welch ein Schwachsinn. Er sollte doch wohl nur die Stimmen herausfiltern, die einer Arche Noah wert seien. Diese beiden sicher nicht.

801417

Und wieder sprach eine Stimme aus der Vergangenheit:

1942 KRIM I

Fall 11

Nach langen Wochen sind nun dieser Tage gesammelte
Briefe in bunter Reihenfolge noch vor Weihnachten zu
mir gekommen. Und so habe ich
        ein wenig Kontakt mit euch. Ich liege in Simferopol,
Krim, so habe ich doch wenigstens mal wieder einen
Kontakt mit euch daheim bekommen. Oft denkt man
so über alles nach, träumt von diesem und jenem und
glaubt fast, man bewege sich in einer Unwirklichkeit mit
seinen Gedanken. Denn der größte und stärkste Anteil
des Ichs ist doch hier draußen. Mit immer wieder neu-
en Eindrücken und einer Überfülle von Anforderungen
und Aufgaben und wechselnden Situationen in mancher-
lei Hinsicht waren die letzten zwei Monate so gespickt,
dass man restlos davon absorbiert sein musste. Es wa-
ren doch wohl die schwierigsten Wochen, die wir so im
Verlauf des Krieges durchmachten, und gerade die Tage
um Neujahr werden sich fest in der Erinnerung veran-
kern. Doch jetzt, da die Kälte schon bei Tage dem Früh-
ling Platz macht, und die Sonne uns wärmend Neues
und so Gott will endgültig Bereinigendes verheißt, wo
es nun gelungen ist, von über 1000 auf 500 Verwundete
herunterzukommen, wo mit dem ersten deutschen Laza-
rettzug, der sogar von einem Berliner Bekannten geleitet

wurde, ein Gruß der Heimat kam und die 3500 km nicht mehr so lang erscheinen, da ist natürlich der Auftrieb gewaltig, und lustig, laut und froh klingen die Lieder marschierender Kolonnen durch die Straße zu meinem Zimmer empor. Es ist einfach überzeugend und prächtig, diese kraftvolle Haltung, diesen Stolz, diesen Glauben hier draußen zu sehen, keine Spur von Resignation oder Müdigkeit. Hier hat eben jeder es erlebt und zwar handgreiflich erlebt, worum es geht und weiß um seine Aufgabe. Nichts könnte mich freiwillig von diesem Posten bringen, zu stark binden diese gemeinsamen, nicht immer ganz leichten Wochen. Und alle seelischen und sonstigen Belastungen machen ja doch nur stärker, härter und entschlossener. Man kann und mag nicht so darüber schreiben, wie man sollte, doch ich weiß ja, dass du auch so in diesen wenigen Worten zu lesen und zu hören verstehst und so teilhast an meinem Leben. Unser gemeinsames Leben kann dadurch in der Zukunft nur reicher, gleichmäßiger und harmonischer werden. Doch das hat noch lange Zeit, da ich nicht an eine wesentliche Änderung hinsichtlich Urlaubs usw. für die nächsten Monate glauben kann, auch hinsichtlich der Transportlage. Es gibt hier Wichtigeres und dringlichere Dinge zu tun und auch zu transportieren. Damit muss man sich abfinden. Jeder tut es auch, je mehr er sich von der Mäuseperspektive entfernt hat. Es gelingt zwar nicht jedem, aber die Nicht-Seher überzeugen klare Befehle, Russen, Partisanen, Flieger und sonstige Überraschungen. Doch wie gesagt zurzeit haben wir und ich auch eine Ruhepause und können mal richtig Luft schnappen und Kraft für kommende Tage sammeln. Ich habe zwar nebenbei noch meine Lungenschussstation, Offizier-Abteilung, die ich auch nicht gern ganz abgeben will, da diese Tätigkeit, vor allem die operative, viel Freude macht. Auch mannigfache Erfolge aufweist. Es ist so schönbeglückend, sich auch ärztlich ganz einsetzen zu können.

Doch nach wie vor geht es mir gesundheitlich sehr gut, besonders jetzt, wo ich mich in der Betreuung und Anlage des Gartens und des umliegenden Parks betätigen kann. Es soll wirklich etwas Ordentliches werden und allen ein Stück Heimat ersetzen, da dieses große Projekt von 1400 Betten nach nunmehr reger vollkommener Einrichtung wohl noch für längere Zeit dem jetzigen Zweck dienen wird und muss. Ob wir uns allerdings dann noch daran erfreuen werden, das weiß ich nicht. Ist mir auch Nebensache Das Bewusstsein, etwas Gescheites geschaffen zu haben, ist beim Fortgang oder der Übergabe etwas sehr Wesentliches. Wenn ich nach diesen in mancherlei Hinsicht oft stürmischen Wochen einmal zurückblicke, so haben sie doch so unerhört viel Positives für uns alle gebracht und einmal wieder gezeigt, was deutsche Soldaten und Organisation im Großen und im Kleinen leisten und schaffen können. Für mich selbst bedeutete neben der Überwindung äußerer Schwierigkeiten und dem Ausbau des Lazaretts und der bestmöglichsten Versorgung dieser großen Anzahl von Verwundeten und dem nun laufenden Abtransport – der letzte war Anfang Januar und eine schwere Sorge in mancherlei Hinsicht für mich – der Ausbau und Gewinn persönlicher ärztlicher Erfahrung gerade in der Chirurgie eine schöne Bereicherung und Förderung, die noch durch die Tatsache gewann, dass während der ganzen und Förderung, die noch durch die Tatsache gewann, dass während der ganzen Zeit der beratende

Chirurg der Armee Professor XXX aktiv in meinem Lazarett mitarbeitete. Dass manche Dinge wie Amputationen usw. für uns alle immer wieder seelische Belastung bedeuteten, sollte ich dir als Ärztin gegenüber gar nicht erwähnen müssen. Du verstehst es sicher. Doch den Notwendigkeiten muss man sich beugen und auch damit fertig werden. Trotz allem sind erfreulicherweise die Opfer gering, gemessen am tatsächlich Erreichten und der Erhaltung der Heimat. So mag sie auch das Einzelschicksal treffen und bestimmen. Das habe ich bei so manchem Brief gedacht und mit anderen Worten umschrieben, mit dem ich Angehörige über ihren Verlust benachrichtigen musste.

So hat sich das Werk dieser Wochen und Monate gerundet, hat mich voll beansprucht und manches Persönliche, auch das Schreiben an euch daheim, ist oft gewollt und ungewollt dann doch unterblieben. Ich wünschte, dass nun der Austausch wieder reger werde. Hoffentlich lässt der böse Feind dazu die nötige Ruhe.

H.s Situation hat mich doch stark beeindruckt. Aber bitte lasst nicht vorzeitig irgendwelche Eingriffe machen, ehe nicht sämtliche entzündlichen Erscheinungen abgeklungen sind. Ich weiß aus vielen Beispielen, wie gefährlich das werden kann. Dass er überhaupt in Deutschland ist, bedeutet für alle einen Gewinn. Meine besten Wünsche begleiten ihn und richte ihm bitte aus, wie sehr ich es bedauert habe, dass ich nichts für ihn tun konnte. Besonders nicht in Snigarewka, wo man mir anscheinend eine falsche Auskunft erteilt hatte. Doch wer diese Verbindungen hier erlebt hat, der wundert sich über nichts mehr und staunt nur, wie trotz großer Schwierigkeiten alles doch noch so vorzüglich klappt und läuft.

Ja, die Kinder, man hat gar keine Vorstellung und reale Beziehung mehr zu ihnen. In 13 Monaten hat sich so manches geändert. 13 Monate bedeuten doch in der Entwicklung der Kinder einen enormen Sprung und es ist schwer, als immerhin doch noch junger Vater, sich alle Möglichkeiten erschöpfend auszumalen.

So im tollsten Betrieb, da war alles zu Hause so weit fortgerückt und jetzt ist mit deinen Briefen und der relativen Ruhe alles wieder greifbar nahe.

Persönlich geht es mir in jeder Beziehung recht gut. Die meisten alten Kameraden meiner Einheit sind nach vorn versetzt. Ich bin noch mein einziger Stammoffizier. Dafür habe ich eine Anzahl neuer Herren, durchweg sehr ordentlich und auch persönlich nett, als Kommandierte bekommen. Ein Casino mit 20 Herren.

Alle sind wir guten Mutes und warten auf den Frühling und den endgültigen letzten Start. Dazu lacht schon die Sonne. Die ersten Blumen aus einem in Betrieb gesetzten Gewächshaus stehen im Zimmer, dazu eine herrliche Palme. Wohnung recht behaglich, Essen jetzt vorzüglich.

Mach dir keine Sorgen. Grüße bald beide Mütter und schicke diesen Brief abschriftlich den besten Grüßen an beide.

Als Belohnung für diesen schon geschriebenen langen Brief und als Dank der Feldpost für meine gute Meinung kam heute Abend noch der Melder mit einem Brief vom 26.1.1942. Ein gewaltiges Ereignis, allerdings fehlen sämtliche Briefe dazwischen. Ich bin ja so froh, nun endlich auch aus jüngster Zeit von dir und den Kindern zu hören, besonders die Schilderung der Lebensgewohnheiten unserer Kinder und des Sohnes ausgeprägtes Schönheitsgefühl und seine wirklich erstaunlichen und hoffentlich auch erfolgreichen Erziehungsversuche (nämlich der Mutter) haben mich köstlich amüsiert.

Ich habe seit Langem mal wieder über meine Familie gelacht.

So, nun genügt es, gleich ist es 22:00 Uhr, das Licht wird ausgeschaltet.

1942 KRIM II

Fall 11 fts

Heute nach langer Zeit mal ein friedlicher, ruhiger Sonntag. Die Sonne scheint über Mittag bis fast 17:00 Uhr schon wärmend ins Zimmer, während es draußen nochmals bei Steppenwind erheblich kalt geworden ist. Doch ich glaube, dass dies letzte Zuckungen des Winters sind, nachdem schon vor Tagen der Frühling wirklich ausgebrochen schien. Auch die seit einigen Tagen wieder vereinzelt grollende Front markiert schon die beginnende Gutwetterperiode. Dann geht das Ringen und Kämpfen wieder los und hoffentlich kommt die Entscheidung dann bald und ohne große Verluste. Wir sind alle sehr optimistisch und glauben an einen schnellen Ost-Krieg, gerade, weil der Russe immer wieder solch verzweifelte Anstrengungen unternimmt, Erfolge, und seien es # auch nur rein örtliche, zu erringen. Wenn man dann so von vorn die Verluste der Gegenseite an Menschen und Material hört, dann kommt man wieder trotz aller Erfahrungen über dies sinnlose und unzweckmäßige Anrennen und diese unerhörte Sturheit im Kämpfen und Sterben ins Staunen. Es ist eben eine so vollkommene Entpersönlichung des Menschen dort gelungen, die uns einfach unbegreiflich ist und für die doch die Voraussetzung im russischen Menschen gelegen haben muss, sofern man diesen Sammelbegriff überhaupt für dieses Menschen-Konglomerat verwenden kann. Diese einzelnen Völker und Stämme sind unter den Gefangenen ohne Weiteres sowohl rein äußerlich, als auch besonders in der Art ihrer seelischen und geistigen Reaktion bei den Arbeiten, zu denen sie hier herangezogen werden, deutlich voneinander abgrenzbar. Manche leisten gute Dienste und sind recht brauchbar und versprechen, auch für die Zukunft im Hinblick auf die Ostaufgaben einen durchaus positiven Faktor abzugeben. Eine Reihe habe ich ja nun schon Monate bei mir und zu anstellbaren Arbeitern erziehen können. Erstaunlich ist die fast allgemeinsprachliche Begabung und bei den Ukrainern eine gute handwerkliche Geschicklichkeit, mit deren Hilfe ich manche Verbesserungen hier durchführen konnte. Unser Riesengarten mit vielen Bäumen und großen Ländereien ist schon schwer in Bearbeitung. Leider hat der jüngste Frost alles etwas gehemmt. Immerhin hoffe ich, bald schon Grünes sprießen zu sehen und glaube, dass deine Mutter ihre Freude daran hätte. Da ich mir nun mehr Zeit für solche Dinge nehmen kann, wird das Tempo auch entsprechend forciert, was den Russen doch etwas unverständlich ist, da sie zu allem sehr, sehr viel Zeit brauchen. Überhaupt, wenn ich so überschaue, was aus diesen Gebäuden, Park und Garten schon geworden ist, welche Umbauten, Verbesserungen, Einrichtungen, zum Beispiel eine große Entlausungsanlage mit zwei Kammern, eine Küche für 1600 Personen, (Küche für Gefangene und Zivilpersonal), geschaffen wurden, dann kann man wohl mit Befriedigung schon allein in dieser Hinsicht auf drei Monate Einsatz hier zurückblicken. Alles andere möge da unerwähnt bleiben, da das

Selbstverständlichkeiten sind, mit denen man eben fertig werden muss, und mit denen wir auch trotz oft erheblicher Schwierigkeiten fertig wurden. Heute, wo ich nur noch 500 habe, ist das alles halb so schlimm, zumal auch Sonne sowie Nach- und Abschub vieles erleichtern.

So hat auch der Nachschub die Post reichlicher strömen lassen und mir zwar immer noch nicht die ganze Dezember-Post, dafür aber von dir allein gestern sieben Briefe auf den Tisch geworfen. Das war ein rechtes Fest und doch lange vermisst. Wie stark es doch auch hier draußen packt, von euch allen daheim zu hören, von dir, von den Kindern, deren Entwicklung ich so recht an U.s Diktat erlebe, von H., dessen Aussichten doch Gott sei Dank besser zu sein scheinen, als du am 7. Januar schriebst, von meiner und deiner Mutter und all den alten J...-Namen, die du in einem der Briefe erwähntest. In den langen wilden Wochen glaubte ich oft, wie weit das alles doch entfernt sei und wie man nur noch den Erfordernissen des augenblicklichen Tages leben durfte. Nun ist mit einem Male alles wieder greifbar nah und doch wieder auch – die Notwendigkeit weiß ich genau und billige sie auch aus dem Gedanken an das eine große Ziel hinsichtlich der Verwirklichung manches Traumes und Wunsches Urlaub etc. – noch in weiter Ferne. Doch das ist eben Soldaten Schicksal und ich beuge mich gern und bewusst diesem so selbstverständlichen Gesetz.

Und sage U., wie ich mich über ihre Karte und die schönen Bilder gefreut habe. E. kann ich mir gar nicht richtig vorstellen, die Entwicklung in diesem Alter ist körperlich und geistig viel zu stürmisch.

Wir sind immer noch am gleichen Ort und mir geht es gesundheitlich ausgezeichnet.

Von meiner Mutter hatte ich gestern auch Nachrichten vom 12.1.1942. Wenn es deine Zeit erlaubt, wäre ich dir für die auszugsweise Weitergabe an meine und deine Mutter aus diesen langen Briefen dankbar, da es schwer ist, dasselbe zweimal zu schreiben. Bitte richte beiden einen besonders lieben Gruß von mir aus.

HIMMEL

01-11-2012

Fall 12

Die Heiligen haben immer das Sagen. Elias war vorübergehend mit den besonders ausgezeichneten Heiligen unterwegs auf spirituellem Trip. Wie das ging, war niemandem bisher klar gewesen. Auch Elias war überrascht, dass er tatsächlich die Körperlichkeit verlassen und mit den sonst nicht sichtbaren Geistern kommunizieren konnte. Nicht wie in der katholischen Kirche die Meinungen sich in Jahrhunderten bildeten: himmlische Heerscharen sind im Reich der Wunschfantasien. Hier in der rauen Wirklichkeit herrschen andere Bedingungen. Eine körperlose Energieansammlung vermittelt klare Botschaften der Aktivität und der Lebendigkeit. Erstaunlich, wie viele Aufgaben die Heiligen haben. Es sind Hilfen zur Organisation der innerseelischen Kräfte allen Lebens und alles Entstandenen, einschließlich der Weltraumkräfte. Es herrscht eine hochkomplexe Tätigkeit zur Aufrechterhaltung aller Funktionen des Weltraums. Jeder Heilige hat eine spezifische Aufgabe. Er ist den Sternen jeweils zugeordnet. Elias erfuhr, dass die Heiligen durch Energiekonzentration entstehen, manchmal unterstützt durch menschenähnliche Lebendigkeit, wobei die Erdenbewohner eine geringe Rolle spielen. Elias war überwältigt von der Fülle der Heiligen, die sich aber nicht um ihn kümmerten, sondern einzig mit ihren Aufgaben beschäftigt waren. Nur am 1.11. war eine Konzentration gegenüber der Erde auffällig. Die Heiligen hatten eine große Stunde des Vergnügens, wenn die Erdenbewohner versuchten, mit den Heiligen besonderen Kontakt aufzunehmen. Das Gelächter war ohrenbetäubend. Elias bat, so schnell wie möglich wieder in seinen Leib zu gelangen, damit dieses teuflische Gelächter aus ihm herausging, vielleicht durch den Genuss eines allerheiligen Biers.

DEMENZ

Fall 13

Der 75-jährige Mann verspürte die allmähliche Auflö-
sung seiner seelischen Beziehung zu seinem Körper. Der
Kontakt zwischen dem geistigen Willen zu seiner Mus-
kulatur war gestört, in einer Art, die ihm bisher niemals
erfahrbar war. Auch nicht unter Drogen. Der Körper
tat, was er wollte. Er hatte ein eigenes Leben, ohne Be-
ziehung zu der eigentlichen eigenen Persönlichkeit. Auf
Fotos und im Spiegel sah er eine völlig fremde Gestalt,
die keine wirkliche Darstellung seines Körpergefühls
wiedergab. Es war keine Fremdheit, sondern eine fremd-
artige Ausprägung des eigenen, vormals selbstsicheren
Körpergefühls. Der Körper, die Muskeln, die Bewegun-
gen gehörten nicht mehr zu ihm. Sie hatten sich in ihrer
Langsamkeit und Eckigkeit verselbstständigt und führ-
ten ab sofort ein Eigenleben. Daher war der Ausdruck
nicht mehr von seiner eigenen Psychomotorik geprägt,
sondern von Prozessen, die fern von ihm lagen. So war
es dann auch allmählich mit der Sprache, und auch mit
den Gedanken, die beide voneinander unabhängig nach
außen drängten und ein wenig Unheil anrichteten, da
sie mit dem eigentlich von dem Mann Gewollten nicht
im Einklang standen. Er konnte sich genauso wenig da-
gegen wehren wie gegen das Aufkommen von Gefühlen,

positiven und negativen, Lachen und Weinen, Ärger und Freude, Zorn und Liebe. Ja, das, was sich da vollzog, war ihm nicht fremd, aber es kam wie aus einem Urgrund über ihn, ohne von ihm selbst zu stammen. Es war er selbst, aber dann doch nicht von ihm selbst gesteuert. Wie der Spaziergang auf der Straße, auf der gegangen, herausgefordert und geprägt wurde, ohne dass die Geschwindigkeit und das Setzen des Fußes auf die Erde überhaupt von ihm bestimmt werden konnte, so war seine Lebensaktivität eine Art des automatenhaften Daseins. Natürlich nicht immer. Mit großer Anstrengung schaffte er es immer wieder, den Kontakt dieses Automaten zu seiner Persönlichkeit erneut herzustellen, das Automatenhafte abzustellen und wenigstens für einige Zeit den eigenen, früher so innig erlebten Kontakt zwischen dem Ich und dem körperlichen Ausdruck wiederherzustellen. Es schien dann, als wäre ein Medikament die mögliche Unterstützung

ENTFÜHRUNG

20-12-2012

Fall 14

Das war nun wirklich das große Ereignis ein Jahr nach dem Beginn dieser Aufzeichnungen. Irgendjemand hatte herausgefunden, dass ein Jubiläum gefeiert werden sollte. Und daher war es wohl nicht und dann doch überraschend, dass Elias entführt wurde. Spektakulär von einer ganzen Horde nicht wahrzunehmender Kräfte, die sich um ihn stellten, ihn bedrängten, seine Unfähigkeit, sie wahrzunehmen, ignorierten und ihn dann in gezielten Kraftanstrengungen hochhoben zur Fahrt in ihm unbekannte Gefilde. Er war sich gar nicht im Klaren, wohin die Reise gehen würde. Seine Wahrnehmung war eingeschränkt zu einer punktuellen Empfindung für eine Reise ohne Sicht, Hören, Riechen, Schmecken, Berühren. Es dauerte viele Stunden, in denen er sich unglaublich leicht und wohlfühlte. Eine Erfahrung der nächsten Dimension, wie er in seinem immer deutlich heller werdenden Geist konstatierte. Welche unglaublichen Einsichten wären jetzt möglich, wenn Elias nur in der Lage gewesen wäre, sich auf ein Problem zu konzentrieren. Schade, seine Kräfte wurden nun durch diese Reise einerseits intensiv gefördert, andererseits auch eben nicht genutzt. Erst als Elias dies mit tränenden Augen (Elias weinte bitterlich, aber leise) vor sich hinsagte, um nur ja keine Chance auszulassen, endete die Fahrt abrupt und die tragenden Entführer verschwanden mit einem lauten Lachen, das wie Weihnachtsglocken klang. Elias kam bisher nicht in diese Stimmung, obwohl ihm feierlich zumute war. Er konnte nichts sehen, hören, riechen, schmecken, fühlen. Einzig seine übersinnliche Kraft der geistigen Wahrnehmung hatte so stark zugenommen, dass er nun die ganze Welt erkannte. Dabei waren die Teilnehmer der Weltkonferenz über die ganze Erde verstreut. Es gab ein Raunen wie im sturmgeplagten Blätterwald. Elias konzentrierte sich auf einzelne Stimmen, Gedanken, Träume und innere menschliche und tierische Vorgänge. Allein, es war kaum auszumachen, was von dieser erhöhten Position, so wie er es wahrnahm, wirklich für ihn bestimmt war. Oder war er umsonst, vielleicht aus Spaß, hierhergebracht worden? Hatte jemand ihm einen Streich gespielt? War dies eine Versuchung des nun doch lebendig gewordenen Teufels, oder nur eine politisch begründete Drohung, was passieren könnte, wenn seine Unfähigkeit, gehorsam zu sein, weiter anhielt? Elias konnte keine eigenen Gedanken mehr verfolgen. Die wahrzunehmenden geistigen Ausflüsse der Menschheit und Tier- und Pflanzenwelt waren überwältigend und Elias hatte nur eine Chance zu überleben, indem er sich völlig einbetten ließ in die Fülle dieser wasserfallähnlichen Gedankenstürze. Elias fühlte sich nicht wohl, hatte aber ein Glücksgefühl ohnegleichen. Endlich hatte er einen Sinn für sich gefunden: Mitte der Weltordnung zu sein, ohne irgendeine Ordnung zu gestalten, wahrzunehmen oder zu verlangen. Und endlich kam das erlösende, auf ihn getrimmte und nur ihm zugeteilte Wort, worauf er sein Leben lang gewartet hatte: WOZU. Und er begann, einzelne Wahrnehmungen zu differenzieren und trennte die Spreu vom Weizen. Endlich konnte Elias feiern und Geschenke nehmen und geben. Weihnachten auf höchstem Niveau.

Endlich lernte er seine Ursprungsstätte kennen. Bevor er in die weite Welt hinausgeschickt wurde, um seine eigene Berufung zu finden und auszuüben, sollte er seine psychische Herkunft kennenlernen. Dieses Waldhaus-Hotel, das dem ganzen Ort seinen Namen gab, war eine geschickte Irreführung. Mögliche Feinde sollten denken, dass die Parallelen zum echten Thomas Mann Waldhaus (Thomas Mann) führten, und somit die Sinnbestimmung für jeden Neugierigen versteckt blieb. Aber Musik, wie sie von den vielen jungen Menschen dort ausgeübt wurde, hatte das Ziel, diese Menschen mit einem höchsten Maß an Empathie auszustatten. Denn nur so konnten sie Helfer bei dem Elias-Projekt werden. Herrlich zu sehen, wie junge Musikerinnen/ Musiker sich an ihrem eigenen musikalischen Können erfreuten und wie gerne sie miteinander die Musik erlebten. Nur so wächst die gesellschaftliche Freude zum unermesslichen Spaß. Die enorme pädagogische Fähigkeit des Begleiters am Klavier führte zur Befähigung dieser Jugendlichen, an der Aufgabe von Elias teilzunehmen. Mit der Zeit wurden alle Lehrer wie Schüler Mitarbeiter von Elias, der sie gerne benutzte als Boten der Jugend und der musikalischen Spektral-Erlebnisse Der Besitzer des Hotels tat das Seinige dazu und öffnete freudig Kühlschränke und Weinkeller, um recht genussfähige und -erfahrene Generationen zu erziehen.

Auch solche Wirte gab es noch in dieser Zeit. Eine Gemeinsamkeit von synästhetischen Erlebnissen, wie sie selten zustande kommen und aufeinandertreffen. Die Spielfreude des Pianisten hatte sein Pendant in dem ästhetischen Gleichklang der ihn begleitenden Dame.

FREUNDSCHAFT

Fall 16

Eilas war die ganze Zeit seiner beruflichen Tätigkeit mit einem fünf Jahre älteren Mann befreundet, auf rein intellektueller Basis. Sie haben viel zusammen unternommen. Der Freund hatte als Vorsitzender einer wichtigen Kommission dem jüngeren Kollegen die Chance vermittelt, auch dort mitzumachen, was für seine Karriere später recht wichtig wurde. So konnte Elias schon bald der Enge der Universitätsstadt entfliehen und mal außerhalb Luft schnappen. Elias hatte von dem Älteren oft einen unschätzbaren Lebensrat erhalten.

GESCHWISTER

Fall 17

Bei beiden war schon seit früher Kindheit an das Gefühls-
leben nur in Hinsicht auf Kunst, Literatur und Musik
erlaubt. Selbst das Essen war vom Genuss ausgeschlos-
sen. Die ältere Arnica hatte schon einigen Frust in die-
ser Hinsicht hinter sich. DA kam der im dörflich Realen,
pragmatisch-bäuerlich erfahrene Elias gerade recht. Im-
merhin hatte er den mütterlichen Schichtwechsel vom
engen und gefühlsverachtenden Protestantismus in den
luxuriösen, den Himmel schon spürenden Katholizismus
begleitet. Diese Ausstrahlung kam gerade zur rechten
Zeit für Arnica: sanft und engelsgleich ohne persönliche
Arglist nur dem Gefühl verpflichtet. Er hatte bei seiner
Erstkommunion die unwahrscheinliche, aber tatsäch-
lich stattgefundene Einsicht, dass Jesus in der Hostie
der Monstranz lebendig erschien und auf dem großen
Hostienblatt mit gelinde gesagt liebevollen Gebärden
ein lebendiges Kreuzeichen wie ein zwei- bis dreimali-
ges Winken dem seligen, voll echter, jedoch einmaliger
Liebe erfüllten ELIAS hinübersandte – und zwar wie ein
Geschenk zur Erstkommunion. Du hast es dir verdient,
schien der kleine große Jesus anzudeuten. Gleichzeitig
erfuhr Elias die Wonne einer jetzt endlich zum ersten
Mal spontan sich entwickelnden Steifigkeit seines klei-

nen Pimmels. Elias begrüßte dieses Phänomen in Anbetracht der Zweischneidigkeit der möglichen Interpretationen dieser seltsamen Vorgänge. Durfte Elias das alles als Ausbund einer jugendlichen Religiosität interpretieren oder hatte gar der Teufel seine Hand im Spiel, um Elias zu verderben und ihn in den Höllenschlund zu stürzen, um mit Dante anstatt im ewigen Feuer zu brennen lange Gedichte zu schreiben zur Freude des Erzengels Gabriel, dem teuflischsten aller Heiligen Engel? Elias blickte seine Mutter an und erfuhr die Fülle einer gerechten und philosophischen Seele. „Elias, wo ich bin, ist nichts Böses. Freu dich, du bist ausersehen, von der Liebe zwischen Gott und Mensch, zwischen Teilhard de Chardin und Luther zu berichten, und zwischen Elias und den EKI der Zukunft."

Elias fühlte sehr genau unter dem Eindruck dieser außergewöhnlichen Phänomene, dass er hiermit voll gerechtfertigt war gegenüber den Vertretern der katholischen Kirche. Sexualität, wie sie sich in der Haut anfühlt, ist eine religiöse Erfahrung, die den Menschen gottgleich macht. Wenn die Erwachsenen hierin eine Sünde sehen, dann ist das die Folge einer falschen Erziehung und niemals die unschuldige Liebe zu den drei Orangen: Elias war gerechtfertigt. Hier war der Beweis: Niemals würde Jesus eine Sünde bei der Erstkommunion gestatten. Nein, der dumme Dechant mit der 30 Minuten dauernden Wandlungs-Stammelei war der eigentliche Spielverderber. Und die großartigen Hengste taten das Ihre dazu, wenn sie sich stöhnend und ausufernd mit den Pferdedamen in der Deckstation verlustierten. Die Haut des weiblichen Geschlechtsorgans bei den Stuten war von wundersamer, typisch alle Sinne anziehender

Fleischfarbe, direkt zum Reinlegen und Wohlfühlen. Sinnliche Haut, Prototyp der Seligkeit. Gemacht und zum sinnlichen Ziel avanciert für den manchmal kleinen und dürftigen, manchmal riesig erstarrten männlichen Konterpart.

Sinnliches Fleisch hatte Arnica bei sich selbst gesehen und zeigte es Elias, damit er verstehe, welche Gefühlsmuster im Gehirn aufgebaut wurden, wenn Sexualität gefordert wurde. Die Mutter hatte die einzige Wärmequelle im Haus an einem kalten Wintertag benutzt, um die Kleidung zu wechseln. Dabei konnte Elias einen intensiv neugierigen und wohltuend erregenden Blick auf die wahrlich mächtigen Brüste der Mutter werfen.

Elias war etwa acht Jahre alt und tatsächlich innerlich überwältigt von der erstmals erlebten Busenfreude. Er wurde von seinem Gehirn gezwungen, nach Art des Moses mit dem Zeigefinger auf das gelobte Land zu zeigen und es auch tatsächlich mit dem Zeigefinger zu berühren. Da bekam er von der Mutter eine schallende Ohrfeige. Dann trottete er schuldlos aus dem Zimmer; vorbei die Berührungslust für immer?

Elias wurde von den ersten Erfahrungen mit Sexualität als Kind verführt, bei der Schwester seines Freundes die Weiblichkeit zu suchen. Erste tastende Erfahrungen hatten sie miteinander schon gemacht. Auch in dieser Familie der großen Künstler waren Gefühl und Gefühle provozierende bestrafenswerte Entgleisungen des alles dominierenden Intellekts.

Nach mehr als zehn Jahren endloser und vergeblicher Versuche gelang den beiden endlich die erfüllende Praktik der unio mystica: der gemeinsamen Gefühlswelt: Sie wurde schizophren und er ein Botschafter des Weltenendes.

Dadurch erhielten beide die Chance, die Welt eines Besseren zu belehren und damit zu retten. Ob das gelingt, wird im Folgenden zu erleben sein.

*lias fühlte sehr genau unter dem Eindruck dieser außergewöhnlichen Phänomene, dass er hiermit voll gerechtfertigt war gegenüber den Vertretern der katholischen Kirche seine Meinung zu vertreten,dassSexualitän zur Menschlichen Persönlichkeit gehört. Beichten ein perfide Art der Machtausübung. Sexualität wie sie sich in der Haut anfühlt ist eine religiöse Erfahrung, die den Menschen gottgleich macht. Wenn die Erwachsenen hierin eine Sünde sehen, dann ist das die Folge einer falschen Erziehung und niemals die unschuldige Liebe zu den drei Orangen: Elias war gerechtfertigt. Hier war der Beweis: niemals würde Jesus eine Sünde bei der Erstkommunion gestatten. Nein, der dumme Dechant mit der 30 min dauernden Wandlungs-Stammelei war der eigentliche Spielverderber. Und die großartigen Hengste taten das Ihre dazu, wenn sie sich stöhnend und ausufernd mit den Pferdedamen in der Deckstation verlustierten. Die Haut des weiblichen Geschlechtsorgans bei den Stuten war von wundersamer typischer alle Sinne anziehenden Fleischfarbe, direkt zum Reinlegen und Wohlfühlen. Sinnliche Haut, Prototyp der Seligkeit. Gemacht und zum sinnlichen Ziel avanciert für den manchmal kleinen und dürftigen manchmal riesig erstarrten Männlichen Counterpart. Sinnliches Fleisch hatte sie bei sich selbst gesehen und zeigte es Elias, damit er versteht, welche Gefühlsmuster im Gehirn gebildet werden müssen, um die intendierte Berührung als gesund zu empfinden.

SCHLAFEN, WACHEN, TRÄUMEN

10-01-2013

Fall 18 – Apothekerin

Im grauen Alltag ging es der 68-jährigen Frau so schlecht. Sie hatte eine ganze Familie ein Leben lang geleitet, versorgt, ausgehalten und betreut. Ihr Mann war eine Persönlichkeit von Bedeutung für die Kleinstadt mit 60000 Einwohnern. Sein Beruf des Sparkassendirektors war nur zum Teil wichtig für ihn und die Gesellschaft. Wichtiger war das Vereinsleben, das ihn im Grunde voll und ganz ausfüllte und ihm die echte Befriedigung in seinem Leben gab. Mit den so stark auftrumpfenden Kollegen war er auch ein Trumpf in der Welt und fühlte sich wie ein Gott in der Oase der vollen Lebendigkeit, die im politischen Wirrwarr und in der Weltwüste der Unsicherheiten eine stabile Grundlage der Freuden bot. Frauen waren ein tüchtiges Zubrot und Garanten der Standfestigkeit der Familie. Eine Selbstverständlichkeit, solange sie keine Ansprüche hatten und gut funktionierten. Die Frau funktionierte auch gut. Sie mochte ihren Mann, die Kinder, die späteren Enkel. Auch war sie geachtet bei den Frauen der Kollegen ihres Mannes, in den Geschäften und auf der Straße. Aber letztlich hatte sie außer den Kindern keine echten Gesprächspartner. Auch diese waren nicht wirklich an ihr interessiert. Sie gab und gab, alles, was sie hatte: Zeit, Liebe, Geld, Sorge, Gefühle, Kümmernis,

Trost, Stimulation, Gedanken, Zukunft. Sie kannte den gemütlichen Austausch von Begegnung und Freude nur aus gelegentlichen Liebesromanen, die sie aber doch langweilten, da sie mehr die Wirklichkeit als die Scheinwelt liebte und erwünschte. Sexualität war eine allmählich abnehmende Last. Die Wünsche des Mannes verringerten sich allmählich umgekehrt proportional zu der Menge des Lebenszeitkonsums von Alkohol des Gatten. Langsam gingen die nicht erlaubten und verdrängten unerfüllten Wünsche einer nie eingestandenen Einsamkeit im Hang zu gelegentlichen Wein-Genüssen unter. Die danach nun doch bemerkten depressiven Zustände alarmierten ihre noch vorhandenen Lebensgeister. Sie wartete und schaute nach Rettung. Und da war jemand, der sofort bereit war, ihr alle Erfüllung zu geben. Sie war 48 Jahre alt und begann, die große Erfüllung zu erleben. Der Freund des Hauses und ihres Mannes war ja oft bei ihnen und somit unverfänglich. Niemand störte sich daran, dass sie sich bei ihr zu Hause trafen, auch wenn ihr Mann nicht da war. Aber intim konnten sie nicht werden. Da traf es sich gut, dass er eine Holzhütte im Wald recht gut hergerichtet hatte zum Übernachten und zum Jagen. Sie konnte geheizt werden und war wohnlich und gemütlich. Über 14 Jahre war so ihr Leben in einer glücklichen, geheimen Welt aufgehoben und gesichert. Sie hatte wenig gelernt, wenig erlebt, wenig gewünscht, aber ihr Gefühlspotenzial hatte gelitten, bis dieser fantasievolle, zärtliche Geliebte sie in die Welt der Freude und Gegenseitigkeit einführte. Keine rauschhafte Geschichte. Eine Stetigkeit der passenden Gemeinsamkeit, ein gegenseitiges Interesse war alles, was ihr das Leben wieder sinnvoll und erträglich machte. Niemand in ihrem Umfeld merkte etwas davon.

Niemand sah die freudvolle Veränderung. Ihr Mann jedenfalls war der Meinung, sie habe ein erfülltes Leben und er sei der Grund ihres Glücks. Alles ging gut, bis der Geliebte starb. Sie hielt die Beziehung einige Zeit aufrecht, indem sie jeden Tag zum Grab ging und mit ihm redete. Er antwortete immer. Aber die Lücke war zu groß. Und wurde wieder mit Alkohol gefüllt. Kliniken sollten auf Geheiß des Ehemannes und der Kinder diesem Spuk endlich ein Ende setzen. Niemand verstand die totale Verzweiflung, die in dieser Frau tobte. Einzig der Psychiater war in der Lage, das eigentlich unersetzliche Gegenüber wenigstens teilweise durch Verständnis der besonderen Art darzustellen. Aber nicht für immer. Die häusliche Situation fiel immer wieder über sie her wie eine Plage und trieb sie in den Alkohol, aus dem nur die Klinik sie herausholen konnte. Dann ging auch dies nicht mehr. Als ihr Mann starb, war sie für einige Zeit erfreut. Aber die Kinder taten den Rest. Sie bekam Krebs und sah ihr Ende als Erlösung: endlich vereint wieder mit dem Geliebten – ein herrliches Schicksal.

BUB

31-01-2013

Fall 19

Eine Kinderstimme schälte sich plötzlich aus dem Gewirr der Geräusche und Töne heraus. Ein Bub sei er, 11 Jahre, und stehe mit seiner Mutter am Bahngleis sieben, wartend auf den Zug nach München, wo er seinen Freund besuchen wolle. Er ist fest in der Stimme und klar im Denken. Elias hört, wie sich die Gedanken des Buben konzentrieren, auf die störenden mütterlichen Einwürfe kaum reagieren, sich behaupten gegen die vielen anderen Zwischentöne von der Umgebung, ja sogar der ganzen Welt. Sein Freund ist seine Freude. Wenn sie zusammen sind, sind sie so glücklich. Sie spielen mit dem Computer und lachen. Museen und Spaziergänge, Sport und Lesen sind unsinnige Tätigkeiten. Mit dem Computer und seinen Spielen, dem Internet, aber ohne Facebook, verbringen sie den ganzen Tag und die Nacht, solange die Mütter es erlauben. Elias ist überrascht, dass diese Stimme so eindrücklich sich durchsetzt. Im Hintergrund taucht aber eine Stimme auf, die bedrohlich wird. Solches hat Elias noch nie erlebt, seit er die Eigenschaft der Fremdwahrnehmung zum ersten Mal erfuhr. Eine Gruppe ist endgültig davon überzeugt, dass Elias nun endlich gesucht und gefunden werden muss. Die Flucht der Menschheit in den Weltenraum steht auf dem Spiel. Sie sind vollkommen davon überzeugt, dass durch die große Entfernung und die versteckte, vor allem auch schriftliche Kommunikation verhindert wird, dass Elias etwas von ihren Gedanken erfahren kann. Elias findet die Gruppe so dumm: Elias wäre nicht Elias, wenn ihm diese Form der dann doch lebensbedrohlichen Aggression nicht deutlich ins Bewusstsein käme. Aber noch ist er geschützt und niemand der Gruppe kennt seinen jetzigen Aufenthalt mitten in Frankfurt am Main, im Versteck des alten Hundes, der so gemütlich tot auf dem Straßenschild liegt. Welches Glück, dass nun der Bub in den Zug einsteigt, dort sich im Sitz allein ohne störende Beeinträchtigung durch die Mutter seinen Gedanken überlässt und schnell noch die letzte Woche überdenkt: alle Arbeiten mit Eins erledigt. Das würde ein gutes Zeugnis, wäre nur nicht die Zwei in Religion. Der Lehrer will mehr Religiosität. Was soll das? Hat der Bub nicht zu bieten, meint er. Ach, könnte Elias doch auch intervenieren. Elias könnte dem Buben helfen. Aber diese Gedanken des Buben verscheuchen die Feinde und Elias streckt sich in seinem Versteck dem Nichts einer traumhaften Nacht entgegen.

14-02-2013

Der Traum war dann nicht einfach. Elias' Fähigkeiten der Wahrnehmung fremder Gedanken sistierte zwar nicht, wurde aber in seine Träume so integriert, dass Elias auch mit noch so gekonnter traumhafter Luzidität nicht mehr zu differenzieren vermochte, woher die Gedanken stammten. Sie waren mit den seinen derart vermischt wie Salz im Meer. Daher konnte er auch nicht feststellen,

woher dieser Traum kam, der ihn in sein Schlafzimmer
früherer Zeit führte, wo Einbrecher den Boden aufgeris-
sen hatten, um Werte zu finden. War natürlich erfolg-
los. Sie waren nicht durch die Tür gekommen, sondern
durch die Luft. Wie Geister. Und Elias war dann klar,
dass es sich um ein Symbol handeln sollte, das ihm eines
verdeutlichen sollte: Halte deine Werte gut verborgen.
ZU viele sind an dir interessiert. Da könnte auf einmal
ein anderer Einfluss helfend einspringen: Ein genialer
Dirigent vermittelte ihm in selbstloser Weise durch die
dienende Verzauberung der ausführenden Musiker und
gleichzeitig der Zuhörer die wesentlichen Aufgaben ei-
nes nutzbringenden Einzelgängers: nicht zögern, ver-
halten durchgreifen. Und so war es selbstverständlich,
dass Elias in seiner neuen Offenheit wieder offen wurde
für die Stimme des Einsiedlers in der Wüste Gobi. Kein
Mensch hatte diesen uralten Greis, der sich noch auf die
Vorsokratiker genealogisch zurückführen konnte, in den
letzten mehrhundert Jahren gesehen. Auch Elias wusste
nicht viel von ihm. Im Traum erschien ihm dieser bart-
lose Auswuchs einer genetischen Störung und teilte ihm
dann mit, dass die ganze Philosophie sich durch die Ent-
wicklung des Menschen völlig geändert habe. Die Sinn-
frage habe die Dominanz der Gedanken übernommen
und sich endlich durchgesetzt. Alle früheren Gedanken
hätten sich als sinnlos erwiesen. Keiner würde mehr nach
der Wahrheit suchen. Die einzige Kraft der Philosophie
sei das Gefühl, also nicht mehr das Denken. Alle bishe-
rigen philosophischen Bemühungen seien frustran und
hätten zu keinem für den Menschen nutzbringenden Er-
folg geführt. Im Gegenteil: Das Denken des Menschen sei
so zerstörerisch wie die Atombombe. Endlich müsse ein

Gedankenstopp erfolgen. Man dürfe zwar noch denken, aber nicht mehr nachdenken. Wie das Wort schon sagt: Es ist immer ein Hinterherdenken, das zu schrecklichen Kettenreaktionen führt, die zur Explosion der Sinnfrage überleiten. Daher solle das neue Denken einen Mischnamen erhalten, der endgültig dem Gehirn die Möglichkeit einer Entwicklung in nützlichen Sphären gewährleistet: Der Name sei Psychosophie. Elias wachte schweißgebadet auf und war verwirrt.

PSYCHOSOPHIE

28-02-2013

Fall 19

Doch die Kommunikation ging noch weiter. Es schien, als hätte der Partner in der weiten Ferne nun erst recht angefangen, über die Welt nachzudenken und in der Meditation das Neueste der Weltgeschichte zu bedenken. Welche Erschütterung, die Elias kaum gefühlsmäßig ertragen konnte. Zum ersten Mal war eine Verbindung mit jahrhundertlanger Erfahrung und auf die Zukunft gerichtetem Wissen möglich. Das Gehirn hat in der ja bisher nur kurzen Entwicklung schwere Schäden davongetragen, die dazu führen, in extremer Gefahr die Menschheit auszurotten. Die psychiatrischen Erkrankungen sind nur die Spitze des Eisbergs einer vom Untergang bedrohten menschlichen Welt. Das Gehirn ist nicht zum Denken geeignet, da es keine Kraft hat, dieses Denken zu realisieren. Die Fantasie ist das Grundübel des Menschen. Sie gaukelt ihm eine Welt vor, die nicht existiert. Das sogenannte Übersinnliche war im Rahmen der Psychosophie nur dazu da, eine Gehirnentwicklung zu produzieren, die Sicherheit vorspielt. Sonst wäre der Mensch von vornherein gescheitert mit seinem so arg unsinnigen Bewusstsein. Die Sinnhaftigkeit der Hirnfunktionen ist erst in Zukunft erfahrbar.

Hier kam dann die eigentliche, erschreckende Botschaft, leider nur so schwach, dass Elias sie nicht mehr wahrnehmen konnte. Elias hörte die Gedanken nicht mehr, nahm aber wahr, was dort in der Wüste geschah: Eine unmittelbare Halluzination von unglaublichen Ausmaßen stürzte auf den fernen Partner ein. Wer hatte das veranlasst, wer war dort am Werk? Eine riesige Menge himmlischer Heerscharen war plötzlich auf dem Feld erschienen und machte sich daran, den Partner endgültig auszumerzen. Er schrie und tobte, auf sich allein gestellt, allein mit seinen Tieren und seiner vom Alter geprägten Erfahrung. Elias war extrem erschrocken und fürchtete um den Kontakt, der ihm bisher so viel Hoffnung gemacht hatte. Könnte es sein, dass nun doch Kräfte wirkten, die sich vorgenommen hatten, die Wahrheit des Lebens zu verschleiern? Wer könnte das sein? Oder war Elias einer Täuschung zum Opfer gefallen? Elias schrie nun in seinem Bett auf, schrie und schrie, schlug um sich und ergriff die Zeit mit den Worten: „Alle Heerscharen stillgestanden, kehrt marsch, zurück in den Himmel" und so schnell wie gekommen, verschwanden sie alle und Elias hörte nur noch ein Stöhnen.

LEITENDE ANGESTELLTE

07-03-2013

Fall 21

Das war nun das Stichwort für ein ganz anderes Geschehen: die großartige Belebung aller Sexwünsche der 48-jährigen leitenden Angestellten. Sie hatte sich trotz ihres jugendlichen Diabetes durchgekämpft. Viele hatten ihr wegen ihres nicht gerade attraktiven Äußeren schon als Kind und erst recht während der Pubertät alle Steine der Welt in den Weg gelegt. Sie lebte von Tränen, die den Eltern, zerstrittene Alkoholiker mit Bildungsanspruch, völlig egal waren. Sie ritzte sich die Arme wund und aß ihre Haare. Kein Helfer in der Nähe. Ein Studium der Volkswirtschaft gelang zum Ausgleich hoch effizient, da ihre Intelligenz recht eindeutig fast allen Kommilitonen überlegen war. Sie war der Liebling der Professoren wegen ihrer so einfühlsamen Bereitwilligkeit zu allen Tätigkeiten, die andere nicht ausführen wollten. Auch zu sexuellen Dienstleistungen, aus denen sie gestärkt herauskam in dem Bewusstsein, alles richtig gemacht zu haben. Sie wurde sexsüchtig, und es zog sie zu etwas älteren Männern hin, die keine Bindung wollten. Sie war immer allein, hatte keine Freunde oder Freundinnen. Gruppen waren langweilig, sie wollte Aktion und Aufregung, Material gab es in der Universität und später im Beruf genug. Und da war dann der sanfte, einfühlsame, neue Banklehrling, etwas jünger, aber genügsam, etwas aufbrausend, aber zärtlich, ein ruhiger Vertreter der Marke „alles für Dich". Das war nun neu und geriet zur echten Verführung. Wie es auch immer ging: Sie ließ sich auf ihn ein, bekam ein Kind, heiratete und bekam noch ein Kind. Geld war genug, nicht viel, aber ausreichend da. Beide verdienten und in der ersten Zeit und den nachfolgenden Jahren waren die Anforderungen des Tages so hoch, dass der Mangel an Sex nicht auffiel. Doch irgendwann wurde ihr dann doch plötzlich klar, dass sie so sehr unzufrieden war. Händchen halten war nicht zufriedenstellend. Sie hatten sich beide zum Ausgleich ihrer Einsamkeit einem Chor angeschlossen und sangen alles rauf und runter. Aber da war ein Womanizer, toll aussehend und eine ungeheure Potenz ausstrahlend. Viele Frauen, großes Auto, wechselnde Ehen, vernachlässigte Kinder. Unglaublich verführerisch. Hier konnte alles nachgeholt werden: während des Singens berühren, in den Kirchen hinter dem Altar, auf Parkplätzen, in allen nur denkbaren Hotels. Überall Stöhnen und endlose Wonnen. Der Mann zu Hause weinte und wartete, sodass eigentlich erst mal alles unproblematisch erschien, bis der Neue die Trennung wollte. Das ließ sie nun doch nicht zu. Gott sei Dank hatte sie ihn so süchtig nach ihrem Gestöhne gemacht, dass sie ihn am langen Band führen konnte. Sie ertrug seine weiteren Eskapaden, das Weinen ihres Mannes zu Hause, sein immer allzu liebes Gehabe, seine Augenaufschläge, dass er sich so sehr um die Familie kümmere, wobei sie doch nun alles vernachlässigen würde, und machte in der Bank Karriere bis zum oberen Abteilungsleiter. Alles durch Intelligenz, Genusssucht und Gleichgültigkeit gegenüber unliebsamen Verpflichtungen. Ein Protobeispiel der Psychosophie.

PAPST

Fall 22

Über eine Milliarde Menschen haben einen neuen Papst. Einen Oberhirten der Extraklasse. Ein nie dagewesener neuartiger Vorgang, ein Ausverkauf der europäischen Tradition. Das wäre allerdings nicht schlimm, denn Europa ist nicht mehr zukunftsträchtig. Die Demokratie mit der kulturellen Elitebildung ist ein Auslaufmodell. Die Vorherrschaft der Armut mit der Gewalt des Mobs ist nun angesagt, wobei vorauszusehen ist, dass die Gewalt der unkontrollierten Finanzwelt von Newcomern aus der sozial niederen Schicht ausgeübt werden wird. Da hat Franziskus eine reale Chance. Die Apotheose der Armut und der Schlichtheit, der Demut und der Versöhnung hat sicher eine echte Möglichkeit der Erneuerung. Jeder intelligente Gläubige und Ungläubige weiß, dass in der so kurzen Zeit der Menschheit solche Ideen niemals echte Fortschritte gezeitigt hatten. So wird der Aufschrei in der Welt, den Elias vernahm, ein Schrei der Verzweiflung sein. Wie soll ein machtloser, innerlich selbstunsicherer Mann eine hochkomplexe, korrupte und verfilzte Institution durchforsten. Bäume schlagen und roden, Krankes suchen und ausmerzen, neue Pflanzungen durchsetzen. Diese altersgeschwächte Gutwilligkeit ist nur ein Feigenblatt für die Verlängerung der alten Machenschaften. Hier geht es nicht mehr um Gott. Ein sehr negatives Beispiel der Psychosophie.

APEIRON

21-03-2013

Fall 23

Käme jetzt nicht eine Rettung auf dem Weg der klaren inneren Verbindungen, würde Elias sich noch intensiver mit der Frage der Suizidalität beschäftigen. Diese war seit den letzten Erfahrungen der unsinnigen menschlichen und politischen Entwicklungen immer drängender geworden, da Rettung im Weltgeschehen nicht wahrnehmbar war. Aber nun war sie da: Rettung aus der Vergangenheit. Die Mileter aus dem 5. Jahrhundert meldeten sich. Thales, Anaximander und Anaximenes hatten sich zu einer Stimme vereint und eine klare Botschaft in die Richtung von Elias gesandt: Das Apeiron wird neu aufgelegt. Eine neue Situation. Hiermit wird der tausend Jahre alten Fehlentwicklung der Sinnhaftigkeit ein neues Leben eingehaucht – im wahren Sinne des Wortes. Nur die Interpretation der Wirklichkeit wurde anders: Das ist die Luft zum Atmen, das Lebenselixier des Gehirns, die Freude der Kommunikation. Apeiron sei nun nicht mehr eine anonyme interstellare Luftmasse, keine unklar definierte Grundlage der Welt, sondern die eigentliche aktive Substanz der Interaktion von toter und lebendiger Materie. Der Mensch habe dies nun bei wenigen Exemplaren zur gewissen Reife entwickelt. Elias sei der eigentliche Hauptträger dieser neuen Möglichkeit. Daher sei auch Elias das Ziel aller feindlichen Angriffe. Elias war entsetzt. Elias hatte damit nicht gerechnet. Endlich wusste Elias, was auf ihn zukommt. Diese Frau im Zug hinter ihm, die ständig mit Kunden telefonierte, war eine leicht ergraute Dame, die den Blick der gewollten Kommunikation hatte. Ihre hauptsächliche Botschaft war, dass sie als Mediatorin darauf achten musste, dass möglichst wenig Emotion in den Firmen zu Störungen führen kann. Damit sei dann ein ökonomisches Gelingen der gemeinsamen Arbeit gewährleistet. Genau hier fand nun Elias Gelegenheit, seine neue Erkenntnis anzuwenden. Die Gefühlswelt wird durch Apeiron getragen. Sein zukünftiges Vorgehen wird durch Apeiron in eine neue Ebene gehoben. Sein Leben ist nun wirklich in Gefahr. Entweder durch die Unmöglichkeit, überhaupt mit diesen neuen Möglichkeiten zu überleben, das alles gar nicht mehr zu ertragen und zu tragen, oder durch die langsam immer mehr anrückenden Feinde in größere Ärgernisse verwickelt zu werden. Die Zukunft sah einerseits hoch motivierend, andererseits auch hochgefährlich aus.

WÜSTENBEWOHNER

25-04-2013

Fall 24

Und wieder die Eingriffe vonseiten der fernen Wüsten-
bewohner: die weiteren Erklärungen, was es mit der Psy-
chosophie auf sich hat. Beispiele zuhauf. Kaum eine Nach-
richt, die nicht unter diesem Aspekt von der Wüste aus
interpretiert wird. Elias wurde bombardiert mit Infor-
mationen, die allen Geheimnis-Aufklärern wichtig und
ein Dorn im Auge waren. Da sind die Attentäter welt-
weit. Sie haben nur eines im Sinn, die Welt zu destabi-
lisieren. Sie wissen aber nicht, dass dies das Ziel einer
gemeinsamen Intelligenz ist. Die Welthirne haben sich
zusammengeschlossen und bereiten die völlige Verän-
derung des Weltbewusstseins vor. Das wird ein Spaß.
Ohne Reue, aber effizient.

SEE

21-05-2017

Fall 25

Treffen am See. Die Menschen erledigen die Geheimnisse durch Weinanbau. Was da aus der Erde kommt, erfüllt die Ansprüche des gemeinen Gaumens. Hilfe ist nicht erforderlich, so unbequem die Arbeit auch sein mag. Weinbauern sind genügsam, wenn die Früchte sich ergeben. Das tun sie dann auch, aber immer mit der Hinwendung zu mehr oder weniger Öchsle. Aber darauf kommt es an, wenn die Nächte nicht ohne Genuss nur allein im Abwarten auf den Schlaf erlebt werden sollen. Da kommen Gespräche zur Sinnhaftigkeit der Lebendigkeit auf, und der Wunsch, den anderen Gesprächspartner langsam aufzuspießen, ist eine Selbstverständlichkeit sondergleichen. Nur merkt dies keiner. Alle sind mit sich selbst so intensiv beschäftigt, dass die kleinen tödlichen Animositäten im Nichts untergehen, wäre nicht doch der überweltliche Stammhalter der Erinnerung, der im Schlaf seine Sandkörner verspritzt, um die nächsten Tage doch endlich mal ergebnisreich zu bewerkstelligen.

Im Arbeitsprozess vollzieht sich dann die Wandlung. Arbeit außerhalb der beruflichen Verpflichtung mutiert schnell zur notwendigen Hirnbelastung und zum Auspowern der trägen Muskeln, die eigentlich der Ruhe bedürften. Freizeit erhält dann ihren Sinn wieder in

Vollkommenheit eigentlich unsinniger Werkstücke. Vorzeigeprodukte werden als lebensnotwendig erlebt, wobei die ephemere Sinnhaftigkeit sich in die nicht ausgelebten Sexbedürfnisse verzieht. Rettung für die weitere Hoch-Zeit der Bemühungen um das ewige Tun in und außerhalb beruflicher Zwänge wird hereingeholt aus der Idee, eine große, neue kulturelle Bewegung in die Welt zu setzen, einen inneren Zirkel der Zukunftsplanung. Neue Grenzen im erlaubten Lebensfeld aufstellen, um im Angesicht der endlich entstandenen Bedeutung des Kreises die eigene Lebhaftigkeit zu exportieren. Aber wohin? Das wird nicht mehr gefragt, Gott sei Dank. Elias muss wieder herhalten, um die Legitimation des Ganzen auf intellektuelle Ebenen zu heben. Ausgerechnet er, der doch einzig durch den in Vollendung praktizierten Voyeurismus lebendig bleibt. Herrlich prangt die hügelige Natur im Sonnenlicht des Morgens und sendet die Mitglieder des grünen Kreises in alle Welt. Die Alten verbrennen ihre mühsam aufgebauten Pferdeställe und Karawansereien, und die Jungen trompeten mal leise, mal laut ihre total überbordende ungezügelte Kraft in die Welt hinein. Tod und Verderben werden nicht gesehen. Lachend erscheint auf der Bildfläche die nächste Generation und bemüht die Altvordern zum genussreichen Abgang. So zu schmecken in der letzten Falte des Zungengrundes.

Elias setzt sich ab. Und trifft auf seinen schon lang gehegten Wunsch: ein Subjekt der Begierde. Hüpfend bemüßigt die Umwelt mit Tiraden der Assoziationsmetrik eine Erklärung des Kunstgeschehens in und außerhalb der menschlichen Grenzen. Je mehr Wörter, umso einleuchtender die niemals aufzuklärende Tiefe des Gedachten. Das Hirn suhlt sich in der Freude der eigenen supremen Macht, die zur Allmacht strebt. Bleibt die Hinsicht einer nuklear geschrumpften Erkenntnis, dass aus dieser Falle nur die totale Rücksichtslosigkeit oder eine sanfte Verrücktheit im Sinn einer Verblödung herausführt.

Doch Elias lässt das nicht zu. Er entdeckt die eigentliche Motivation: abhängen und chillen. Das Wort wie unbekannt, aber die Anstrengung sollte doch im Chaos versinken, denn lächelnd steigt dieser irrwitzige Phönix aus der Hirnasche und etabliert ein stabiles Luftschloss, unerkannt und ubiquitär.

15-08-2017

Eine Welt schnurrt zusammen. Plötzlich sind die Nachrichten inexistent. Beherrscht werden wir von Sorgen des Tages. Unendlich idiotische und ungezügelte Politiker vermasseln den geordneten Gang der Dinge. Wie im menschlichen Einzelhirn übernehmen singuläre Kräfte die Herrschaft und führen zum Desaster, unkontrolliert und tödlich: Der Sinn der Psychose ist Auflösung oder Heilung. Wie geht das in der Gesellschaft? Die Gegenkräfte sowohl als auch die Mitspieler erheben den Anspruch, die kräftigsten und wichtigsten zu sein. Damit übernehmen sie dann die Rechtfertigung einer Todesschwadron. Der Lebewesen, vor allem der menschlichen, sind Es zu viele. Die Pensionisten müssen als Erste dran glauben. Alle über 75 müssen eliminiert werden. Die Pensionskassen sind leer. Die Armen sind ebenfalls unnütz und müssen fröhlich im Abgrund ohne Hilfe verhungern. Und nicht zuletzt diese Unmengen von Emigranten: friss oder stirb. Kämpfe deine Konkurrenten nieder und ersetze die Etablierten, reihe dich ein und verdränge, dann wirst du überleben. Das alte Spiel, ein Nullsummenspiel, als ob Humanität weder existierte, noch je gedacht wurde. Jesusse werden ans Kreuz geschlagen und stehen nie im Himmel wieder auf, kehren nicht zurück, es sei denn als verlogene Diener der Güte und Armut mit säuselndem Gewimmer der Demut, damit niemand merkt, wie unfaktisch sie sind. Da feiert die Gehirnmasse fröhliche Urstände. Der Wurmfortsatz der Pferdestruktur könnte ein Alibi schaffen. Da im Hippocampus ist die Reserve für neue Gefühlsstürme einer Weltraumfühle. Aber doch nie für viele. Werden uns beschränken auf die Elite. Schießen sie in den Weltraum zum Heil der Außerirdischen. Hier ist endlich die Scharlatanerie der diagnostischen Leitlinien und Psychotherapeutischen Regelwerke zur Handlungsanweisung angekommen. Niemand muss mehr denken. Das Individuum hat seinen Geist aufgegeben und übrig blieb und bleibt eine leere Hülle, die nur dann funktioniert, wenn sie verhaltenstherapeutisch aufgeblasen wird. Eine Wonne, die nur getoppt wird von genetischen Spielereien.

LIEBESPAAR

Fall 26

Aber da ist noch Hilfe: Ein Paar macht sich auf den Weg und wandert monatelang durch die kalifornischen Nationalparks, ohne Angst, draußen etwas zu verlieren. Sie verstehen sich gut, obwohl sie sich selbst nicht kennen. Sie hoffen, über GPS die Außenwelt von ihrem Glück, zu überleben, informieren zu können. So bekommen sie durch die virtuelle Welt den Ersatz für die eigene Verlorenheit. Ein Zauber lässt sich nieder. Eine neue Romantik. Ein Wohlgefühl größten Ausmaßes, das alle Entbehrungen vergessen lässt. Und es reift im Weltgeist die Hoffnung, dass alle Bösen dem Paar folgen, bis auf Nimmerwiedersehen und dass das Paar die neuen Ureltern wird. Größte Teile des Gehirns könnten dann überflüssig und für neue Aufgaben freigestellt werden.

S-BAHN I

13-11-2017

Fall 27

An Erhabenheit fehlte es nicht, als die feste Gemeinschaft der S-Bahnfahrer sich jeden Morgen im letzten kleinen Abteil hinter der Tür traf. Jeder hatte einen eigenen Stil der Begrüßung, der Teilnahme und der Art, sich in die Gemeinschaft einzubringen. Die Kleidung war in der Regel nicht wirklich den Wetterbedingungen angepasst, da jeder seinen Stil verwirklichen wollte, ohne es je fertigzubringen. Die Wirklichkeit war sowieso am frühen Morgen nicht in die Köpfe der Reisenden gedrungen. Sie waren voll von Bedürfnis, Verdruss, Übermut oder Lässigkeit, so wie sie alle es sich wünschten, aber im Lauf des minderwertigen Tages ebenso verloren. Am vordringlichsten war die Wut auf Partner, Familienangehörige oder Nachbarn. Sie rochen nach Seife, die den Harndrang nicht kompensieren konnte. Manche schlossen die Augen, versuchten weiterzuschlafen, kamen aber nicht mit dem Sitz zurecht. Die meisten tauchten in ihre Handys, I-Phones, Tablets und PCs ein. Zeigten der Umwelt, wie beschäftigt sie sind und wachten dann auf, wenn Elias anfing sich zu entäußern, sodass alle bewunderten, welch bedeutende Persönlichkeit hier auftrat. Jeder neue Tag mit denselben herabgestiegenen, möglicherweise doch sehr wichtigen Menschen aus der Öffentlichkeit, die jedem die Bedeutung noch nach dem Ausstieg als Mäntelchen umhing und von den nächsten Mitarbeitern und Kollegen wahrgenommen wurde.

23-08-2018

Elias hatte sich mittlerweile endgültig in alle Nesseln gesetzt. Die Klimaveränderungen taten den Rest. Die hohe Fantasie verminderte immer mehr sein Drängen nach überirdischem Sein. Die Fähigkeit der sofortigen Gehirnaufnahme des Gegenübers hatte jedoch zugenommen. Auch über endlose Entfernungen erreichte Elias die Gedanken eines Lebewesens, manchmal eben auch **da** heraus eine Stimme im Befehlston: Nimm unser Denken und gib uns deines!

Der Erste trat vor:
des auf die Erde zueilenden Geschöpfes, das nicht als Gott zu interpretieren war. Im Gegensatz zu dem Erdenwesen, das Elias selbst war, hatte dieses eine nicht globale, sondern eine zentrale Gedankenwelt entwickelt. Im Zentrum war die sonderbare und ungewöhnliche Entwicklung des Paraismus: Nicht der direkte Gefühlswert der Wörter war entscheidend für die Lebewesen und ihre Kommunikation, sondern das, was mitschwang, danebenschwang und sich zur zentralen Stoßrichtung der Geistigkeit zusammenfand. Geist im Sinne einer dann langsam nicht mehr sinnlichen Erfahrung. Im Gegenteil. Hier war endlich mal der Versuch missglückt, Welt zu denken. Hier war Liebe auf den ersten Blick zum Hühnerkot degradiert. Weltumspannend zentrierte sich die

angestoßene Gefühlswelt in den Fokus einer sonderbaren Einigkeit allen Widerspruchs oder besser aller Widersprüche. Damit emergierte eine neue Lebendigkeit der Entwicklung der Parageister, nicht die Tiefe der Seele, sondern die Breitseite der Manipulation. Elias erwartete nun am Ende der Seidenstraße ein unerhörtes Upgrade seiner Bedeutung. Aber das war noch lange nicht so weit. Noch lag er ja verzweifelt und weinend im Koma des Nichtstuns.

09-09-2018

Elias wurde erweckt von einer Unmenge von Flüsterstimmen. Er öffnete die Augen und sah in blindem Erschrecken eine lange Reihe unförmiger Gedanken hintereinanderstehen, wie Patienten bei der Verabreichung von Pillen auf der Station einer psychiatrischen Anstalt. Elias entschwand zwar nicht in die Bewusstlosigkeit, doch er erfuhr einen ganz besonderen Wahrnehmungsmodus als er diesen auf Unendlichkeit stellte und versuchte, die Gedanken an die Gesamtheit der Menschen zu senden.

Gesamt folgte ein Aufschrei aller schlafenden und wachenden Wesen. Diese Äußerungen waren nur scheinbar aus der Beobachtung stammend. Sie seien jeweils aus dem im naturphilosophischen System vorherrschenden Urgrund hergeleitet. Noch deutlicher würde das sein bei Platon, bei dem der Schlaf mit dem Aussetzen der Seh-Tätigkeit gekoppelt ist. Die Seele erhält ihr Leben durch lichtspendendes Feuer, was nicht nur ein Symbol, sondern als Realität des gesamten Lebens gedeutet wird. Bei Aristoteles seien das Wachsein und der Schlaf an das Ur-Vermögen der Wahrnehmung gebunden. Dieses hat allerdings seinen Sitz im Herzen. Das Wachsein ist durch die Tätigkeit des Wahrnehmens gekennzeichnet, der Schlaf als der dem Wachsein entgegengesetzte Zustand durch das Aussetzen der Wahrnehmung. So kam zum ersten Mal in der Geschichte der Schlafmedizin ein teleologischer Gesichtspunkt in die Theorie des Schlafens. Wahrnehmung bedarf einer Erholung. Die findet sie im Schlaf. Von diesem Zweck des Schlafs wird die ursächliche Bedingung des Schlafs unterschieden. Später wird die platonische Seelenlehre und die aristotelische Teleologie vermischt mit religiösen Gedankengängen der christlichen Lehre. Teleologische Gesichtspunkte kommen explizit beim Schlafen zur Anwendung. Der natürliche Schlaf wird im Gegensatz zum Wachsein gesehen. Der Sinn des Menschen ist in seiner Aktivität zu suchen, der Schlaf verhindert jede sinnvolle Aktivität. Andererseits ist aus dem religiösen Gedankengut zu entnehmen, dass das Leben Müh und Leiden hat, die dem Geist und der Seele im Schlaf genommen werden; so hat der Schlaf auch etwas Nützliches und Positives.

Als Sinn des Schlafes wurde früher die Wiederherstellung der durch Wachsein erschöpften Kräfte, vor allem des Gehirns, angenommen. Auch wird beschrieben, dass die Art des Schlafs, seine Tiefe und Wirkung in erster Linie davon abhängen, wie die vorhergehende Wachperiode erlebt wurde. Beim Wachen und Schlafen werden maßvolle und übermäßige Formen unterschieden, woran Therapieformen anknüpfen. Den besonderen Zweck des Schlafs sieht man in der Fähigkeit, den Verstand zu regenerieren, denn der Mensch ist unmittelbar nach dem Schlaf am besten zu allen geistigen Betätigungen geeignet. Wahrhaft stimmt das Sprichwort: Morgens ist der Mensch ein Mensch, am Nachmittag ein Homunkulus (Homo tempore matutino est homo,post meridiem smihomo). Der Schlaf ist nicht nur ein passiver Zustand, sondern auch eine aktive Kraft. Denn der Schlaf dient letztendlich der Tätigkeit am Tag, wo nur die Leistungen zählen, die das Wachsein erbrachte zur Ehre Gottes. Erst durch Descartes werden neue physiologische Auffassungen über das Wachen und Schlafen vorgetragen. Geprägt von der Scholastik geht zwar auch Descartes von der philosophischen Unterscheidung des Körpers als res externa und der Seele als res cogitans aus, versucht aber, den Körper mit naturwissenschaftlichen Methoden zu beschreiben. Nach Art der damals weitverbreiteten Automaten, die mithilfe von Wasser oder Federkraft angetrieben wurden, entwickelte er ein Modell des menschlichen Körpers, eine Art Mensch-Maschine, in dem alle äußeren und inneren Teile die größtmögliche Ähnlichkeit mit denjenigen des realen Menschen aufweisen. Alle körperlichen Abläufe werden ohne besondere okkulte Kräfte durch die Anordnung der Organe und die Bewegungsgesetze materieller Teilchen erklärt. Doch ist es ihm nicht möglich, sich die bewegende Kraft des Ganzen oder eine Konstruktion, die nicht nachprüfbar ist, vorzustellen. Er nimmt Spiritus-Partikel an, die das Leben in Bewegung halten. Während des Wachseins wird dieser Spiritus gebildet, das Blut verliert während des Wachseins allmählich seine Fähigkeit zur Spiritusbildung. Im Schlaf sistieren Reizaufnahme und Bewegung.

Elias fühlt extreme Panik. Es war für ihn absolut unerträglich, dass solche Dinge von Menschen gedacht werden. Elias wollte schon seinen Geist abwenden von diesem Schlafmenschen. Doch der vor ihm stehende Geist war nicht mehr zu stoppen: Zu Schlaf werden dann alle Faktoren, die zur Leistungsminderung des Spiritus geführt haben, damit wird das System der Menschmaschine wieder beseitigt bzw. aufgehoben. Die Menschmaschine wacht wieder von selbst auf, wenn genügend Spiritus vorhanden ist. Der normale Rhythmus zwischen Wachsein und Schlafen kann durch psychische und physische Faktoren verändert werden. Diesem thermodynamischen Prinzip von der Ausdehnung des Blutes, das zur Spiritusbildung beiträgt, und der zu dieser Zeit gemachten Entdeckung des Blutkreislaufes setzt Descartes schon eine zentrale Stelle im zentralen Nervensystem gegenüber, die durch seine Aktivität Schlafen und Wachen erzeugen kann. Wir haben bei Descartes zum ersten Mal in der Geschichte der Wissenschaft eine Beschreibung des Wachens und Schlafens durch humorale und zentralnervöse Steuerung. Können wir da nicht stolz sein?

Elias versuchte wieder seinen Geist von diesem Besucher abzuwenden. Aber wie eine Klebemasse war dieser Schlafmensch in der Lage, den Geist, die Geisteskraft, Erkenntnisfähigkeit seines Gegenübers zu fixieren. Er setzte fort: Die bisher entwickelte Vorstellung Schlaf wird teilweise mit chemischen und physikalischen Vorstellungen verknüpft. Physik und Naturwissenschaft bestimmen doch das Bild vom Menschen und beeinflussen ganz wesentlich die Schlaftheorien im 18. Jahrhundert. Das Zusammenfallen des Gehirns dient sowohl der Unterdrückung als auch der Absonderung von Lebensgeistern. Alle Schlaftheorien seien in den medizinischen Systemen der Zeit verwurzelt. Auch anatomische Kenntnisse werden zur Erklärung der Schlafursache herangezogen und auch schon Lokalisationsbestimmungen. Die Begriffe Sensibilität und Rentabilität finden sich häufig im Mittelpunkt der verschiedensten Betrachtungen. Schlaf kann auf drei Arten entstehen: erstens durch verminderte Leistungsfähigkeit der Nerven, zweitens durch die verminderte Leistungsfähigkeit des Seelenorgans und drittens durch verminderte Leistungsfähigkeit sowohl der Nerven als auch des Seelenorgans.

Elias wurde sehr unruhig. Hören Sie bitte auf zu denken: Ich kann mich nicht mehr von Ihnen trennen. Dieser Quatsch, den Sie mir erzählen, ist lang vorbei und hat jetzt keine Bedeutung mehr. Wissen Sie jetzt etwas wissenschaftlich Besseres als damals? Wir merken ja deutlich, dass alle diese Theorien abhängig sind von Theorien, die anmuten, als wenn kleine Kinder dummes Zeug reden. Wie kann ein Mensch oder ein Geist oder irgendein anderes Wesen so dumm sein, solche Theorien zu entwickeln?

Es entspann sich doch zum ersten Mal an diesem Wesens-Gegenstand „Schlafen und Wachen" eine echte Diskussion und ein Austausch von Gedanken zwischen Elias und einem Geist. Der Schlafmensch entwickelte weiter seine Gedanken. Die Folgen der Aktivität des Bewusstseins sind das Wachen und das Fernbleiben des Schlafes. Im Schlaf wiederum wird die Bewusstseinskraft der Seele soweit wiederhergestellt, bis sie sich gegen den Schlaf richten kann, um zu erwachen. Das Wachen aller Tiere ist niedriger ausgeprägt als das des Menschen. „Der Mensch ist der einzig wirklich Wache, er schläft somit auch am tiefsten. Je mehr wir die Seelenkraft ins Einzelne zusammendrängen, desto sparsamer füllt sie den übrigen

Umkreis aus, und umgekehrt, je mehr wir den Sinn ins Ganze verteilen, desto weniger sammelt es sich im Einzelnen."(persönliche Mitteilung E. IHartmann,Boston) Diese Trennung setzt sich bis in den Traum hinein fort, wo die sozialen Verhältnisse mit ihren Affekten und Leidenschaften reichlich traumbildend wirken. Das sanftere, die eigene Schwäche und Abhängigkeit fühlende Geschlecht kann auch nur dementsprechende Traumbilder schaffen.

In der Wechselwirkung zwischen Subjekt und Objekt entwickelt sich ein höherer Grad des Bewusstseins. Beim Einschlafen wird die wache Tätigkeit der Seele vom Äußeren der Sinne auf das Innere der Subjektivität verlegt. Wenn mit dem Schwinden der äußeren Sinneskraft auch das Weltbewusstsein verschwunden ist, muss das Selbstbewusstsein, das nur im polaren Gegensatz zu jenem zur Entwicklung kommt, gleichermaßen verschwinden.

Elias war noch tiefer erschüttert. Die unsinnigen, durch nichts bewiesenen Behauptungen würden sich gut anhören. Sie hatten aber überhaupt keine wirkliche nahrhafte Bedeutung für die Interpretation des Zustandes „Schlafen". Auch im Übergang vom 19. zum 20. Jahrhundert war die naturphilosophische Anschauung von Natur und Geist bestimmend für die Interpretation von Schlaf und Wachen. Hölderlin lässt daher Hyperion sagen: „O ein Gott ist der, wenn er träumt, ein Bettler, wenn er nachdenkt."

Elias hatte Sorge, dass jetzt eine riesige Interpretationsbeschreibung von Freud und seinem Unsinn der Sexualtheorie folgen würde. Er wollte das nicht verfolgen. Er drehte sich um und hörte nur noch eine intensive Interaktion nachfolgen, um monate- und jahrelang so weit wie möglich alle Gedanken zu entschlüsseln. Das Denken des Menschen für sich zu verwenden. Ans Eingemachte kommst du, siehst du die Gefahr, dich mit den Gedanken anderer Menschen zu beschäftigen. Du weißt jetzt, dass der spielende Charakter der Träume, an die man sich am nächsten Tag nicht mehr erinnert, eine Modulation der Gefühle aktiviert, die nur Menschen erhalten und im Äußersten menschlich sind. Du hast Angst davor. Elias war entsetzt. Gerade ihn erwartete jetzt von hinten der geistige Tod. Er hatte sich das alles ganz anders vorgestellt. Elias dachte, dass bei der Sammlung von Gedanken vieler Menschen ihn endlich die Einsicht überkäme, was das Gehirn eigentlich will: soziale Aktivität. Es ist nur bereit, im Wachen und Schlafen Belastungen des Gefühlslebens auszugleichen. Elias wünschte sich, jetzt wirklich nicht da gewesen zu sein, nicht geübt zu haben, nicht den anderen ständig auf die Nerven zu gehen, indem er immer wieder in ihrem Gehirn nachschaut, was da abläuft, oder ob überhaupt etwas ablaufen kann, was nicht reingekommen ist. Gibt es denn irgendetwas, was er neu denken kann?

Ganz zum Schluss, als Elias schon so weit entfernt war wie die weiteste Sonde im Weltraum über 350 Lichtjahre, nahm er noch wahr, was dieser schreckliche Mensch hinter ihm her rief:

Erstens: Ein Patient wird erst allmählich reif für eine Psychotherapie, mit Träumen umzugehen.

Zweitens: Wenn einmal der Zugang zum Traumgeschehen möglich ist, wird eine Interpretation und Deutung die Kenntnis seiner Umwelt und seiner Gedankenwelt ermöglichen.

Ganz zum Schluss gibt es noch völlig undeutlich und kaum verstehbar den Zusatz: Achte auf die tradierten Rhythmen, auch wenn du weißt, was das ist, achte auf die schwer gestörten Rechte der Menschen, damit geht die Welt zugrunde, weil die Gefühle nicht mehr regenerieren können im Schlaf:

„Er bewegte sich mechanisch unter der dünnen Bettdecke im winzigen Zimmer. Die Phase kam: Der Juckreiz setzte ein. Es war nicht lange nach Mitternacht. Er war hilflos, und sein Schlaf wurde noch leichter, so dünn wie die Sommerdecke, unter der er sich wälzte. Was einsetzte, war durch eine leichte Erregung des Schmerzsinns entstanden: Er gab nach: Seine Finger bearbeiteten, erst vorsichtig, dann immer heftiger im Halbschlaf diese Belästigung. Er drehte sich, beinahe wach, hastig nach rechts und links. Die Bauchlage war zuweilen die günstigste oder die Rückenlage. Er blieb unruhig. Die Erregung setzte sich als Höhepunkt an Verwirrung fort. Oft Angst oder eine Art von Fassungslosigkeit. Morgens erinnerte er sich nicht an das Geträumte wohl aber an eine Verwirrung oder an dieses Geholt-Werden von etwas, das ihm im Dunkeln eine Sicherheit entzog, davonjagte oder umgarnte, ein in Fetzen gegangenes Stück fremden Daseins, durch das er getrieben wurde. Gegen Morgen, als die Sensation vorüber war, waren Traumreste als Minutenreste geblieben. Er sprach nicht im Schlaf, während so sein Leben vor ihm auftauchte. Er lebte in Minuten noch einmal vervielfältigt. Dann war er nicht mehr in der Lage, irgendetwas zu vernehmen, was der Schlafmensch wollte". (nach Krolow, Nachtleben, 1985).

Elias blieb übrig, zu wissen, dass das Durchdringen von Schlafen und Wachen nicht nur in der Dichtung möglich ist, sondern auch in der Realität. Und diese sah jetzt so aus: Teleologie des Schlafs: Das Wachsein verhindern oder ersetzen. Das ist alles. Wachsein ist energetisch zu aufwendig und zu teuer für das Lebewesen.

APEIRON

24-09-2018

Fall 28

Von der Menge kam eine Lösung aus der wissenschaftlichen Frustration der letzten Zeit.

Der Zweite, ein Zöllner, trat vor:

Einfach von der Seite absehen und sich sicher fühlen. Dann nach Hause kommen, nachdem die Lichterprozession abgeschüttelt war und sagen: Guten Tag! Es war still im Haus, weil alle schon ins Bett gegangen waren. Der Kühlschrank war voll genug, um noch lange in der Küche herumzugeistern. Das Abendbrot wurde zum Nachtmahl. Zufällig erbarmte sich die Uhr, verhielt sich ruhig im Augenblick des Tickens. Kauen, lange kauen. Am Nebentisch sitzt der Firlefanz und blättert in der Zeitung. Wohl hingehen wie heute Mittag? Aufs Standesamt? Die Schritte im Rücken verhallten unaufhörlich, es half nichts, den Kopf zu schütteln, beim Kauen wackelte er von selbst zum allerbesten Jahr, wozu es auch nötig ist, stillzustehen, das Hören wird einfacher. Die Personen stellen sich vor.

Auf der Treppe geht jemand. Die Stufen sind regelmäßig, soweit die Beine erlauben, wenn nicht die Peitschenhiebe von hinten wären, spielte sich nichts ab, als ins Bett zu gehen. Deshalb nicht ins Bett, sondern auf das Dach. Aber es ist besetzt, und es ist jetzt ein Kampf, klein und lautlos.

Die Drahtfäden werden um den Leib gespannt. Die kleinen Spiegel daran geknüpft. Die Gruppen stellen sich auf. Als Hintermann der einen, die anderen kann man gerade mal im Umriss erkennen. Beide Gruppen stehen miteinander, denn die Beleuchtung kommt von vorn. An der allerhintersten Wolke tanzen die Spiegel. Eine Million Bildchen, die sich zu decken versuchen. Die Entscheidung trifft die Automatik: Glied für Glied der Gruppe fällt um, wenn seine Spiegel aus sind. Vielleicht fällt es das Dach hinab. Der Zöllner löst sich von seinem Vordermann, ohne den Ausgang des gesamten Kampfes abzuwarten, versucht vom Dach zu fallen. Aber er hatte zu wenig Spiegel verloren, war zu leicht und schickte sich an, zu springen. In dem Augenblick tobte die Straße unten. Man war auf das Gefecht aufmerksam geworden und ließ den Dachstuhl unter Protest der Wohnungsbesitzer abschießen und sammelte sich zur Fortsetzung der Nachtruhe.

Der Zöllner hatte sich durch einen einmaligen Rückzug in sein Zimmer verkrochen. Er legte Spiegel und Gedraht in die Kommode, besann sich vor dem Zubettgehen und pfiff dasselbe Lied wie am Morgen. Dabei verwendete er eine Strophe nicht, an die er zuletzt dachte, und ärgerte sich immer noch, als er die Bettdecke über seine Schultern zog, er träumte in dieser Nacht von großen Teppichen.

Der Zug von hinten verhinderte nicht die Öffnung der Tür mit der eigenen Hand. Es war nötig geworden, einem Gesicht auszuweichen, mit Zureden den Weg zu weisen. Mit Verlaub hatte er sich entfernt. Seine Mütze über den Ohren, die rot sein mussten. Die Tür war ziseliert, nicht fein, nicht grob und genauso öffnete sie den Weg zum Flur. Die Verbeugung war unachtsam. Er hielt den Kopf lange gesenkt und wartete ab, ob sich seine Stiefel bewegten. Von irgendwo kam die Begrüßung. Er verstand das Nicken und setzte sich in einen Sessel neben der Lampe, die ausging. Anscheinend war sie nutzlos. Er versuchte, sie wieder anzuzünden, vermochte aber nichts dergleichen auszurichten. Er würde sie morgen zum Elektriker schaffen lassen. Indessen fiel die Lampe um und traf seinen Fuß. Er trat wütend auf die Lampe und sie zerbrach in der Mitte, wo oberes Gestänge und untere Stehfassung ineinandersteckten. Mit der Absicht, sie in Ruhe wegzuschaffen, entfernte er sich in Richtung der Hintertür. Er hatte, einen Lampenteil in der rechten Hand, den anderen unter dem linken Arm haltend, die Türklinke erfasst, als vor ihm die Lampe aufleuchtete. Er musste lachen, da er die Birne jetzt von der Seite aus dem Schirm herausscheinen sah. Er tröstete sich mit dem Gedanken, die Schnur vorsichtig aus dem Kontakt zu ziehen und dann ungefährdet die Lampe wegwerfen zu können, indem er in das Zimmer, aus dem er kam, zurückzugehen versuchte. Er fand jedoch das Zimmer nicht wieder. Vergeblich hatte er auch die Schnur, weil es ihm gefährlich erschienen war, auf dem Boden liegen lassen, um sich darum selbst so bequem wie möglich leiten zu lassen. Er fiel in den gewohnten Keller und suchte sofort nach einem Aufgang. Etwas unwillig über die Verzögerung, der er in der endgültigen Begrüßung der Hausgemeinschaft ausgesetzt war, bemächtigte er sich der Handtasche der nächststehenden Person und nahm die Feile aus dem Nageletui. Aus dessen roter Farbe schloss er, dass die Handtasche einer Frau gehört haben musste. Wahrscheinlich war diese schon lange tot oder alt. Er bemühte sich nun, mit der Feile in die Decke, die nicht schwierig mit beiden Händen erreichbar war, einige Worte zu kratzen. Unterdessen sammelten sich alle bisher Unbeteiligten um ihn herum und stöhnten, als strengte er sich an, sie zu quälen. Er drehte sich zu ihnen um und lächelte sie an, obwohl ihm ärgerlich zumute war.

Als die Leute nicht zu stöhnen aufhörten, zog er ihnen die Jacken aus und verließ sie, ohne sein Tun an der Decke zu vollenden. Ungehindert brachte er die Jacken in den Flur, wo die Lampe lag, und warf die Jacken über die Rudimente und zündete alles mit seinem Feuerzeug an. Zuerst wollte der Stoff nicht brennen, und es dauerte etwas länger als gewöhnlich, bis die ersten richtigen Flammen hochschlugen. Er wartete diese Ereignisse nicht ab, sondern ging in sein Zimmer zurück, indem er die etwas durcheinandergeratenen Haare kämmte. Dort stellte er sich mitten ins Zimmer und bevor er zur ordentlichen Begrüßung ansetzte, befahl er, den Stecker aus der Wand zu ziehen. Man gehorchte ihm und brachte ihm das Ende der Schnur, die sich, wohl wegen des Feuers im Flur, warm anfühlte. Er schnitt eine Grimasse, nahm sein Taschentuch aus der oberen Rocktasche und umwickelte die beiden blanken Enden. Weil es so spät geworden war, verzichtete er jetzt auf die eigentliche Begrüßung und sprach nur, während die anderen schon nicht mehr hinhörten, die Worte etwas flüsternd: Ich hätte dann die Gefahr gebannt!

Die anderen kümmerten sich nicht um ihn.

Nicht einmal von oben herab grüßte ein heimlicher Schleier das Tuch, das von der Seite aus einschwang. Es hatte sich so gelegt, als ob droben das Wringen sei und unten der Abfluss, um nicht Gully zu sagen. Und solche Dienste hatte es bitter nötig. Weil das späte Nachhausekommen ein Ende hatte, wenn das Haus erreicht war. Unsichtbar blieb dann nichts mehr, was störte. Der Rest hing später am Tuch. Leider war das Tuch ohne Gruß und vorerst, wenn nicht reinlich, wenigstens unbefleckt. Aber schließlich war es nutzlos, Schleier legten sich davor, der Eintritt war gesichert.

Er beeilte sich, die Treppe hinaufzugehen. Sie war dann gemütlich für die Zuschauer, die an den Gartenpfosten lehnten. Sie hatten Glanz in den Augen. Er bedankte sich vorsichtig von Weitem und verhinderte so ein allzu drängendes Zuschauen. Die Flüssigkeit in seinem Speichel dämpfte die Atmosphäre. Er hätte zu gern alles zum Einsickern gebracht. Es war zu dumm. Keine Angst, kein Wort, keine Sicherheit auf Stufen, die mit einem Teppich belegt waren. Wie Draufgängertum hatte es sich angefühlt. Als das Gelände absackte, spachtelte er die Zwischenräume im mühsam gehaltenen Zaun zu und vertiefte das gehörnte Versuchstier. Mit Begeisterung, aber allein. Die Leute vom Zaun hatten sich um ihn herum gesammelt. Nicht wie zum Verein. Sie ließen das Versuchstier gemeinsam wenigstens über den Flur in den zweiten Stock laufen, in das dritte Zimmer rechts durch die beige Tür treten und bis zum Bettvorleger gehen. Dort ließen sie es machen und er brüllte in kleinster Wut seine Befehle. Weil die Leute lachten, behandelte er sie unwürdig. Und sie rächten sich in der Weise überaus feiner Leute. Das Geheimnis machte sie tragbar, bekannten sie untereinander, und schütteten ein Gelände voller Balsam über ihn. Der hatte keine Ahnung, keine Not, keine List. Er rief darauf das Versuchstier vom Bettvorleger zurück und entschwand den Blicken der Leute, ohne im Bett ge-

schlafen zu haben. Auf seinem Weg treppab ließ er sie
alle zurück: die Leute der einen Sorte. In ihrem Keller
brannte die Sicherung durch und es knallte gemächlich
über die grüne Flur.

Der Berg lag weit hinter ihm. Die Idee, mit ihm heim-
zukehren, war verschwunden, weil ein Berg zu Hause
sinnlos ist. Er dachte über seine Motivation nach, ihn
mitzunehmen, vom Fuß bis zur Spitze ihn aufrecht nach
Hause zu führen. In seinem Zimmer in der Mitte einen
Berg besitzen, vom Bett aus ihn besteigen können, ohne
Anstrengung und Schweiß. Im Traum dauernd einen Al-
pen neben sich zu wissen, der hätte fallen, der hätte grol-
len können. Von ferne wären die Bergsteiger gekommen,
ihn, seinen Berg, seine Bequemlichkeit zu bewundern. Er
wäre freundlich gewesen zu allen Besuchern. Den Weg zu
zeigen wäre ihm ein Spaß gewesen und alle hätten sich
abmühen müssen zu ihrem und zu seinem Vergnügen.

Er ging allein nach Hause, weil der Berg weit hinter
ihm lag. Auch er hatte ihn heute nicht bestiegen, obwohl
er ihn hatte besteigen wollen. Der Berg war zu hoch gewe-
sen und er zu faul. Am Fuß hatte er sich hingelegt, dem
Gipfel Aug in Aug gegenüber, und sich lustig gemacht
über die Höhe. Zwar traf ihn zu seinem eigenen Sport –
denn damals hatte er noch vor, den großen Berg mit
nach Hause zu nehmen – der bespitzelnde Berg, als ob
seine Höhe sich lohnte zu verpflanzen. Noch dazu in sein
Zimmer. Aber er konnte keine andere Laune empfinden
als die Lust zu lachen und zu witzeln. Angesichts einer
so monumentalen Litfaßsäule der Müdigkeit veredelten
sich seine Bewegungen zu meisterhaften Auswüchsen
des Tanzes. Allein, wenn er sich auf den Bauch drehte.
Er bekam einen kleinen Lachanfall und beschloss, den

Berg bei sich zu Hause zu lassen. Er kam also allein zu Hause an und kündigte seine Ankunft mit einem einfachen „Ich bin's" an. So hatte er es sich vorgenommen zu sagen, wenn er mit dem Berg gekommen wäre. Es sollte ihn niemand begrüßen. Die Erlaubnis, einen Berg mit reinzuschleppen, hätte er nie erhalten. Nun wollte er auch nicht die Bewunderung der Hausbewohner, dass er den Berg nicht mitgenommen hatte. Er wusste, sie waren auf seinen Begleiter gefasst gewesen. Jetzt standen sie mit Stangen hinter den Türen und warteten auf seine Bitte, ihm beim Transport auf der Treppe nach oben zu helfen. Er sprang möglichst laut und schnell die Treppen hinauf, sodass jeder hören konnte, dass er nichts Schweres bei sich trug. Sie würden sich ärgern, nicht losbrechen zu dürfen.

Er lief in sein Zimmer und begrüßte die Anwesenden. Alle Hausbewohner standen in Reih und Glied, mit Stangen bewaffnet, an der rechten Zimmerwand, von wo sie das Bücherbord abgerückt hatten. Er legte sich auf sein Bett an der linken Zimmerwand. Niemand von rechts konnte ihn sehen, denn das Bücherbord stand in der Mitte des Zimmers. Es dauerte nicht lange und er schlief bald vor Erschöpfung ein.

Er erwartete keine direkte Inanspruchnahme seiner Person. Er hatte sich nur zur Verfügung gestellt, weil ohne sein Zutun, wie er ahnte, die Kavallerie des Zirkus nicht zum Lachen zu bringen wäre, sondern entsetzlich stören würde. Er mochte die bunt gefiederte Menge nicht dem Vergnügen verlustig gehen sehen. Er hatte sich an den Ausgang oder – in der Zirkussprache – an den Eingang gestellt und musterte jedes Pferd nach der Eigenschaft seines Reiters. Sollte jemals ein über die Maßen stampfendes, im Zügel zu sehr gespanntes, und im Fell zu ordentlich reines Tier den Sandboden zu heftig treten und daraufhin hinter sich mehrere solcher festen Auftritte, wie bei einem Menschen oder einer geordneten Reihe, hören lassen, als ob da kein Ende im Gleichklang käme, sollte überhaupt ein Tier jemals ein anderes Tier als Vorläufer dienen, würde er sich ohne Zögern, wenn nicht gerade vor die Hufe dieses Pferdes oder des Hengstes, wie er vermutete, so doch in die Zügel geworfen haben. Dann hätte er laut „Halt!" geboten und keinen weiteren Vormarsch in die beleuchtete, mit Erwartung gefüllte Manege geduldet, einfach indem er das erstbeste Tier, was ihm suspekt vorkam, auf der Stelle arretierte.

Ihm kam dieses Unterfangen eigentlich recht einfach vor. Er war sich klar darüber und rechtfertigte sich, während vor ihm auf typischen Zirkuspferden Reitkunststücke abgelaufen und gesprungen wurden, unter Umgehung der einfachsten Überlegungen damit, dass ja beim Halt des ersten Pferdes niemand der danach Kommenden die Ursache des plötzlichen Stopps erkennen würde und er Zeit gewänne, die Umkehr des ganzen Trupps zu veranlassen. Der Beleuchtungskegel begann erst zwei Schritte vor seinem Standpunkt und vorausgesetzt, wie sollte es auch anders sein, er hörte die Herantrabenden oder Galoppierenden rechtzeitig, würde er selbst im Dunkeln schon die geforderten Kriterien erkennen können. Dagegen würde niemand seine Person am Zügel des ersten Pferdes bemerken. Vorsorglich hatte er sich schwarz gekleidet und alles schien überlegt, was eintreten oder dazwischenkommen könnte. Er schloss die Augen, um sie zu adaptieren. Die Vorstellung drüben ging mit viel Geschrei weiter, da nun die Raubtiere ihre gefährlichen

Laute dem ängstlichen Publikum entgegenfauchten, als ob Furcht vor ihnen in irgendeiner Weise schlimmer sei als das Getrappel, das er in seinem inneren Ohr fast schon wahrnahm. So deutlich hatte er sich alles vorgestellt, dass wirklich nur eine Wenigkeit des tatsächlichen Pferdelaufes kommen musste, um seine überempfindsame Wahrnehmung sofort zu alarmieren. Er war nie ein Stubenhocker gewesen, aber die letzten Tage im Haus geblieben, um durch Konzentrationsübungen sein Gehör zu schärfen. Damit hatte es ja auch angefangen. Das Zirkusgeschrei, das Geschrei auf dem Platz vor seinem Haus hatte hysterisch geklungen, als ob die Angst irgendwo bald vorbeikommen würde. Und dann war da der verschlüsselte Geheimbericht in den Nachrichten, von dem von der Zirkus-Polizei angeforderten Kavallerieregiment zur Unschädlichmachung allzu begeisterter Zuschauer. Er verfolgte die ansteigende Begeisterung in dem Zirkusbau einige Wochen lang. Es schien, als ob die Erzählung der schon da gewesenen, die Erregungsschwelle der später Kommenden immer weiter abbauen würde. Seit acht Tagen stellte er sich nun jeden Abend auf seinen Platz im Hauptdurchlass der Zirkusleute, um die Strafaktion, die wahrscheinlich auf dem Höhepunkt der allgemeinen Begeisterung eintreten würde, abzufangen. Seine Konzentration richtete sich jetzt vornehmlich auf die Dichotomie im Gehör. Es wurde ja von ihm verlangt, jede Nuancierung der Begeisterungssteigerung zu erfassen und dem hier das leiseste Trappelgeräusch von den entlegensten Stellen her aufzufangen. Seine Fähigkeit zur bewussten Spaltung grenzte ans Artistische. Er lächelte über die allabendliche Darbietung einer „Künstlerin", die das Flüstern einer Versuchsperson hinter ihrem

Rücken verstand, während neben ihr ein gar hässlich anzusehender Clown mit schwarzem Mantel und tränender Miene eine ihn doppelt überragende Trommel schlug, und zwar mit einer Intensität, als ob sein Leben davon abhinge, den Zuhörern das Trommelfell platzen zu lassen. Er hörte schon am zweiten Tag seines Zirkusbesuches ebenfalls das Flüstern neben dem Trommelgedröhn und kümmerte sich daraufhin um schwierigere Unterscheidungen.

Als er sich umschaute, schaute er in das Gesicht einer entzückenden Frau. Schnell vergaß er sein wehes Knie, ließ sich zum Kniefall nieder und erbat die Bevorzugung eines neuerlichen Handkusses, da der alte schon längere Zeit als erinnerlich zurückliege. Er erhoffte sich daraufhin die Hand zur Mitnahme, für eventuelle Notzeiten. Er bekam nach vollendeter Lippen-Hand-Berührung auch ein Teil ausgehändigt, wickelte es unbesehen in sein nicht mehr ganz reines Taschentuch und entfernte sich hinter der Dame gehend langsam und unauffällig, als würden er und die Passanten nicht das sachte tropfende Blut an der linken Seite der schwarz behandschuhten Frau sehen. Er erinnerte sich an ähnliche Vorfälle, bei denen ganze Straßenzüge durch ähnliche Unsitten von Mädchen und Müttern verschmutzt wurden und machte den nächststehenden Polizisten auf die Gefahr aufmerksam. Dieser ließ sich nicht daran hindern, sein Gehalt weiter auszurechnen, was darin bestand, gemeinsame Bekannte aufzuzählen und weiter gehend zu sehen. Er hörte noch weithin die immer lauter werdenden Stimmen des Schutzmannes: Beerdigungsmann, Zeitungsmann, Feuerwehrmann, Toto- und Lottomann, Gasmann, Arm- und Beine-Mann, später nur noch der schrille „Mann" ohne Vornamen. Er versuchte aus der Erkenntnis heraus, dass der Augenblick der Frische die beste Möglichkeit gebe, wenigstens die gröbste Verschmutzung zu verhindern, von den Flecken auf dem Trottoir wegzusehen, was wegzusehen war. Allerdings war er sich der Vergeblichkeit der Bemühung völlig im Klaren, denn eine solche Art der Straßenreinigung hätte ihm ja das persönliche Wohlwollen aller Oberbürgermeister eingebracht, die in ihm den idealen Einsparer von Steuergeldern sicher bald zum Verdienstorden erster Klasse vorgeschlagen hätten. Und gerade diese Auszeichnung war ihm als Mitglied der „Vereinigung zur Aufrechterhaltung sämtlicher sinnreicher Vorkehrungen der Menschheit" verwehrt. Plötzlich hörte er auf eine innere Stimme und hielt an. Vor ihm endeten die Blutspuren. Er drehte sich um und sah auf der ganzen Länge der Straße nicht einen einzigen Blutfleck mehr. Eben begann er sich zu wundern, als er neben sich die wunderschöne Frau wiedererkannte, die ihn vielleicht etwas blasser als vorher, aber doch voll und großartig anlachte, als habe sie ihn gerade erst erkannt oder schon von Weitem gesehen und freute sich auf das Zusammentreffen, das für beide Teile nach all dem Vorgefallenen ein wenig überraschend kam. Er beeilte sich, der Dame zu verzeihen, er habe alle ihre Teile wohl verwahrt in der Hosentasche und bringe sie als Kleinod nun zu seinem Heim, wo er alsbald eine Ausstellung dieser und ähnlicher Kostbarkeiten vorbereiten wolle. Die Dame schüttelte leicht unwillig den Kopf. Er bemühte sich, ihre Frage zu erraten und antwortete leicht ausweichend, dass die Zensur alsbald in der Stadt erweitert sei und die öffentliche Zurschaustellung lebendiger, wenn auch zum Teil beschädigter Stücke absolut gestattet sei. Er habe beim Magistrat die großzügigste Unterstützung sogar von „Heiligen" Stellen erhalten, wie er mit einigem Grinsen die „Gesellschaft zur Förderung der Erhabenheit" in komischer Weise bezeichnete. Noch immer gab sich die Dame nicht recht zufrieden. Sie langte mit ihrer gesunden Hand in die Tasche und reichte ihm einen Zettel, auf dem einige Worte in unleserlicher Schrift gekritzelt standen. Er fand diese Gebärde allzu aufdringlich und entließ die Schöne mit einem Kopf- und Handzeichen, das die unbedingte Zusicherung aller Sicherheitsmaßnahmen ausdrücken sollte. Nun war die Dame trotz ihrer leichten Verstümmelung recht kräftig. Sie erfasste ihn beim Schopf und zwang ihn, leichtfüßig neben ihr entlangzuhüpfen, was lustig aussah.

Über ihn mag man sagen, so viel man will, er hielt den Belastungen nicht stand. Auch er war dieser Meinung und ließ sich auf einen Sessel nieder, der außerhalb des Gesichtskreises aller Beobachter stand. Gleich erschien jemand zur Fußwaschung, als ob die Bewunderung noch bestünde. Niemand sah zu, als er sich die Schuhe auszog und dann die Strümpfe. Er bezeichnete sich selbst; die Bewunderung hatte ihn zum Sklaven der Ehre gemacht. Nun wandte sich der Wäscher zu ihm und goss klares Wasser über die Füße, deren Entfernung zum Boden oder Teppich kaum 5 cm betrug. Es bildeten sich zwei weiße Flecken, die sich zu einer ausgefüllten Acht und später zu einer vollen Null verwandelten. Die Kanne schien unergründlich, sodass er bald den gewissen Dauerschmerz im Oberschenkel bekam. Als der Duft von der weißen Lache aufstieg, begannen die Beobachter endlich wieder ihre Aufgabe ernst zu nehmen. Sie witterten und freuten sich über die bald beginnende Belästigung. Sie rückten ihre kreisförmigen Stuhlreihen näher heran und hielten den Blick auf die Bodenprozedur gesenkt, in dem der Wäscher seinen Platz vor den Zehen des Herrn räumte und sich vorsichtig, ohne das Gießen zu vernachlässigen, etwas an die Seite stellte. Er war versucht, ein wenig an des Wäschers Hinterteil herumzufingern; leider machten die Beobachter, von denen 50 kahl und 200 ungeschoren waren, eine böse Miene, sodass er die Hand so weit zurückziehen musste, bis nur noch ein Finger, der längste und mittlere, eben noch den Hosenboden berühren konnte. Mittlerweile wuchs der nun einzige weiße Fleck auf dem Boden. Die Füße schimmerten fast im Widerschein. Die 250 murmelten sich gegenseitig verständnisvoll an und in die Ohren. Die Kahlen standen auf, im Kommando des erwarteten Befehls und legten Widerspruch ein: Es sei unerhört, dass er ihre nun erloschene Bewunderung in seinen Körper übernommen habe. Er bohrte daraufhin dem Wäscher den Finger bis zum Mittelglied ins Kreuzbein. Darauf standen die behaarten 200 auf, die anderen setzten sich bestimmt und sicher. Einer trat in den Kreis und deklamierte: „Wir sind Zeuge einer wässrigen Wandlung. Wir lassen uns weiter behaaren und meiden nicht die Weiße im Boden. Wir achten nicht des Fußes und sei er auch waschbar."

Der Redner fiel um und mit ihm der Rest der 200 sternförmig nach vorn. Ihm war die Lage äußerst peinlich. „Ich bitte euch, gebt mir euer Gesicht wieder", beauftragte er seinen Wäscher zu verkünden. Der hatte seinen Mund vor Schmerz tief verschlossen und muckste nicht nach vorn und nicht nach hinten. Er wollte gerade den Entschluss, seine Füße endgültig aus der wirksam geworde-

nen Kälte zurückzuziehen, ausführen, als die 50 Kahlen
angelaufen kamen und zu quengeln begannen. Er wollte
die Bewunderung ablegen, sie sei nicht verschenkt, sie
sei nur geliehen. Er maße sich an, was ihm nicht zuste-
he. Er nahm nun seinen Zeigefinger zur Hilfe, es war der
linke, und machte dem Wäscher einen sanften Garaus.
Der fiel kopfüber mitsamt dem Kruge und bespritzte die
Kahlen, sodass ihnen die Haare wuchsen, und auch sie
kippten wie die Vorigen. Weiß war nun der Boden, und
er stand auf. Er konnte seine Füße nicht mehr auf dem
Boden haften lassen, denn er empfand sie nicht mehr.
Dann fand er sie nicht mehr. Er bemerkte nur, wie alle
Anwesenden aus der Lethargie erwachten, ihn in den ge-
weißten Teppich rollten und dann stehen ließen.

Er war gar nicht so unfähig bei der Durchsetzung seiner
Geschäfte. Aber er hielt nicht fest, was er wollte. Er ver-
gaß bei der Besprechung der Durchführung, von welcher
Seite er eigentlich anfangen wollte und wurde dann bald
von einem Weg überrascht, den er nicht beabsichtigt hat-
te. Schon von Anfang an ging er sichtlich erschöpft auf
die Häuser zu, die im Aussparungsgebiet der allseitigen
Wälder lagen und erwartete ein Fuhrwerk, das von der
Feldarbeit kommend ihn mitnehmen konnte.

Er gab acht. Niemals würde er sich aufregen und hinter
sich schauend einmal unachtsam anstoßen. Aber es gab
diese Bodenhebungen und -senkungen, die keine Leicht-
füßigkeit duldeten, und er trug schwer am eigenen Beben.
„Ich habe meine Zeit vertan, als ich mich überwand und
losging", sagte er zu sich selbst und ordnete mit seinem
Kamm seine Barthaare und auch die Achselstücke, weil

sie ihm gerade einfielen. Er tat gut daran. Denn schon traf ihn eine alte Muhme und bemerkte, mit welcher Sorgfältigkeit er sich angekleidet und die Farben seiner Strümpfe zum Hemd und Schlips gewählt hatte. Er war darüber unwillig. Seine Sorge galt nicht dem Einklang seiner Kleider noch der Unauffälligkeit seiner Gangart, die kaum Schleichen genannt werden konnte. Dies sah die Muhme nicht. Ihre Augen waren an Bewegungen nicht gewöhnt. Sie hielt ihre Schürze mit Flecken aufrecht. Sollte sie darauf angesprochen werden, hielt sie den Neugierigen einfach sporadisch das Wort hin, das auf der Rückseite ihrer grünen Tasche stand: „Kein Wink". Er kannte noch nichts davon. Er ging vorüber, ohne diesen Befehl zu verstehen und ärgerte sich über die Blicke der Alten, die ihn noch lange verfolgten. Darum konnte er nicht umhin, seine Schritte zu wenden und langsam denselben Berg wieder raufzugehen, den er gekommen war. Oben hatte die Muhme die grüne Tasche abgelegt und kaute wohlig an einer Brotscheibe, die sie angeblich mitgebracht hatte. Er sah sofort, dass davon keine Rede sein konnte. In dieser Tasche gab es Töpfe, aber kein loses Brot. Er ahnte den Rest. Er sah noch die abgebrochene Baumrinde von einem losen Ast und noch die Schmiere, mit der die Muhme kurz und bündig das Baumstück zum Brot erschaffen hatte. Er versuchte zum anderen Ende, da, wo die Muhme mit ihren Kiefern noch nichts abgedrückt hatte, ein kleines Stück abzubeißen. Und es mundete ihm sehr: weich und Anis lieblich in seinem noch warmen Stückchen zwischen Zunge und Gaumen. Er kaute nicht. Er verdrehte und vermengte mit Speichel den sich langsam entformenden Brei. Lüstern knallte ihm die da eine Ohrfeige, weil er sich erdreistet hatte zu kosten. Es würden ihm nun nicht mehr die Schuhe und Strümpfe nützen, auch nicht mehr der schwebende Gang. Die Strafe wäre der Anfang, er käme langsam zu Tode, die Impotenz nähme überhand. Er sollte sich scheren.

Er bekam große Lust und bemächtigte sich ohne besonderen Widerspruch oder ein Handgemenge der Grünen Tasche, packte die Muhme hinein und schritt sorgsam und auf die Bodenwellen achtend auf seinem Weg.

Ihm war es gegeben und sollte nun auch in Anlehnung an all die vielen Verehrer die Mitte werden, ungleich interessanter, lieblicher und grauenerregender als alles, was vorher und nachher passieren würde. Aber es kamen ihm die Gedanken nicht so wie früher von ungefähr, assoziativ, strömend und geordnet von den eigentlich ungeordneten Kräften. Seine Blicke lagen auf aneinandergereihten Schlössern, die Bergspitzen und Flussläufe umstanden, als hätten sie die Aufgabe, Zeugen zu sein und nacheinander beim Jüngsten Gericht aufgerufen zu werden. Er freute sich im Grunde auf diesen Prozess, weil er langwierig und fast endlos sein müsste und er als irgendwie Teilnehmer eine Dauerbeschäftigung erhalten hätte. Jetzt allerdings noch lagen er und seine Taschen aus Segeltuch und weißem Korbgeflecht neben ihm im Gras. Er ließ die Frühlingssonne in sein Gesicht und seine Haut so weit wie möglich aufheizen, schon seit zwei Stunden. Mit Schrecken dachte er an den Augenblick, wo es ihm doch zu kalt werden musste. Der Winter hatte dieses Jahr nicht über die Maßen streng gehaust, umso mehr waren seine Glieder in schwachem Zustand, weil sie nicht abgehärtet waren. Wenn er jetzt aufstehen würde, würde er staksig und wackelig die Füße vor- oder

zurücksetzen. Damit hätte er bewiesen, wie einfältig sei-
ne Zurückgezogenheit im letzten halben Jahr gewesen
war. Aus Trotz hatte er sich selbst ruiniert. Doch was tat
es im Augenblick zur Sache, wo er sich höchst beweglich
vorkam und keine Störung seiner Motorik wahrnahm. Er
drehte den Kopf nach rechts und nach links und beweg-
te ihn ein wenig im Nacken, nach hinten, auf die Brust,
bewegte sich selbst, die Wiese und die Baumgruppen hin
und her, legte sich die Berge aufrecht und zur Seite und
ließ die einzelnen gelben und blauen Krokusse auf ihnen
sprießen. Voller Absicht schloss er die Augen, verlor alle
diese Dinge im Gedächtnis und ebenso draußen, als gebe
es außer der Dunkelheit im Auge keine lohnenswerten
Gegenstände. Die Sonne wärmte weiter sein Gesicht,
während im Kopf die Dunkelheit zunahm und winter-
liche Kälte aufkam.

KAISERSPINNE

01-10-2018

Fall 29

ein dritter sprach

Größe ist jedenfalls nicht die Größe des kleinen Mannes. Größe ist nichts Großes im Sinne von etwas Überragendem. Größe ist eine außerhalb des Gewöhnlichen liegende, eine über es hinausgehende Andersartigkeit. Soweit möchte er gehen. Größe ist eine völlig andere Verhaltensweise im täglichen Leben als die sonst gewohnte, woraus der Sinn für die außergewöhnliche Chance entspringt. Größe ist kein Verdienst des Willens, sondern der Geduld. Wegen der neuen Geschichte sprach er mit den Leuten nebenan, die ihm rieten, sich nicht zu verzetteln, da die Sprache nur klare Geschichten vertrüge. Er solle eine ihm gemäße Geschichte erfinden und schnell so ausschmücken, dass der Gang der verschiedenen Handlungen zwar nicht sofort, aber wenigstens am Ende klar und übersichtlich in allen später daran beteiligten Köpfen entstanden wäre. Und damit keine Schwierigkeiten bei der Beschaffung von Personen aufträten, rieten die wohlmeinenden Leute, als Arbeitshypothese gleich ein paar Typen zu konzipieren, die allgemein bekannt seien: wie zum Beispiel geheimer Rat, leichtfüßige junge Dame aus gutem Hause, spezialisierter Mitfünfziger usw. Er dachte in seinem Zimmer über die guten Ratschläge nach und nahm sich in aller Stille vor, jedes einzelne der Worte gut zu befolgen. Seitdem versuchte er, Handlungen zu basteln, die am Ende so durchsichtig und so klar überschaubar waren wie die Spinnweben im Herbst, bevor der Wind sie zerreißt. Er hat auch gleich die Spinne und die Fliege mit eingebaut. Damit es spannend wird, die Fliege möglichst groß gemacht, sonst wäre schon am Anfang alles klar gewesen. Die Fliege ist sogar größer geraten als die Spinne, was bei dieser dadurch kompensiert wird, dass das Netz am Anfang der Geschichte schon halb fertig ist, und, die da am Bauen ist, noch genug Speichelvorrat hat, um ihr Haus fertigzustellen. Er stellte sich vor, er betrachte das Netz nicht als Haus, sondern als Bett. Er glaubte, die Geschichte wäre viel einfacher zu erklären. Trotzdem ist die Einfachheit bei den Typen, wie von den Nachbarn verlangt, voll gewährleistet. Über die Befriedigung der Leute habe er sich nun doch gewundert. Sie waren erstaunt, als er ihnen seine Vorschläge machte. Einer machte eine Bemerkung, dass ihm der Ablauf der Handlung klar und voraussagbar erschien, was als Nachteil gelten sollte, aber im Großen und Allgemeinen freuten sich die Damen und Herren auf die Fortsetzung der Netzgeschichte. Er wolle dadurch, dass die Spinne im Netz durch den Fliegenfang gehindert ist, die Problematik aufschillern lassen. Die Spinne käme so in das Dilemma einer Fress- oder Bausucht, die Urin-Stühle würden angesprochen und er könnte in endlosen Monologen eine Spannung erzeugen, die sichtbar nicht von ihm, sondern als ein einzigartiges Symbol eines so oft im Leben stattfinden Kampfgeschehens sei. Seine Freude ist groß und er fühlt sich bestätigt. Er hatte nicht damit gerechnet, dass die Fliege entgegen seiner

Weisung nicht in das Netz flog. Sie summte unordentlich durch den Raum, in dem die Spinne unermüdlich arbeitete. Ihre Beine standen oft kerzengerade in der Luft, als ob sie sich irgendwo niederlassen wollte. Er hätte sie fangen und sanft in das Netz hineinzwängen können. Er lag stundenlang auf der Lauer und bemerkte keine Ermüdung im Fliegenflügelschlag. Trotz stechender oder stechähnlicher Gestaltung bleibt die Fliege dauernd in der Luft. Er hört das Summen und anscheinend hört es auch die Spinne, denn sie ließ sich in ihrer Arbeit immer öfter durch einen kurzen Blick in das Zimmer unterbrechen und verhakelte sich dabei ein- oder zweimal in ihrem eigenen, gerade neu geklebten Faden, der ihr hinten herausstand. Oder vorne, je nach Betrachtungs- und Sprechweise. Das Netz ist rund. Ihm scheint schon am Anfang die Komplikation zu groß zu werden. Er werde sich bei den Leuten orientieren, ob sie wissen, was die Fliege eigentlich will, oder ob er sie nicht zur Ordnung rufen solle. Die Leute wundern sich über seine Verwirrung. Sie haben sich in den Kopf gesetzt, dass die Unberechenbarkeit der Fliege ein Wink des Schicksals ist. Er solle die Fliege nur machen lassen, vor der er Angst hat, sie könne sein Netz durch zu starken Flügelschlag zerstören. Und wie sollte er das vor der Spinne rechtfertigen sie würde auf den Boden fallen und vielleicht ein Bein in einem Bodenspalt verheddern. Mit einem Bein weniger, meinen die Leute, hätte die Spinne weniger Arbeit als mit einem Bein zu viel. Was soll er mit dem, das ab ist, machen lassen. Die Fliege frisst es auf: ein schöner Anfang einer Geschichte:

RELIA

01-11-2018

Fall 30

trat nicht vor:

Sie hatte sich versteckt, weil sie sich schämte, ständig im Schambereich Schmerzen zu haben, die so schlimm waren, dass sie sich kaum mit anderen Menschen unterhalten konnte, solange sie diese spürte. Und das war eigentlich immer. Wie wellenförmig verschlimmerten sich diese Schmerzen. Auf der Spitze der Welle waren sie so unerträglich, dass sie sich schreiend auf dem Boden wälzte und um den Todesschuss bat. Elias war eigentlich froh gewesen, dass sie sich nicht meldete. Jetzt aber hörte er deutlich, wie sie in ihrem Versteck ihre Lebensgeschichte immer wiederholte. Elias war von ihr richtig angefressen und angewidert. Er vernahm zum zigsten Male die jammervoll vorgebrachte Lebensgeschichte: Die Mutter war entsetzt und es störte sie bis in die engste Nervenverzweigung, dass sie schwanger sei. Sie war traurig und voller Angst. Abtreibung war dringend geboten, aber sie schaffte es nicht. Zu stark waren die alten bürgerlichen Werte: „Du sollst nicht töten".

Zu Hause wurde sie geduldet. Das Kind kam von vornherein unerwünscht und wurde vollkommen vernachlässigt. Der Papa hatte die Tochter sehr gerne und versuchte, ihr so viel Liebe zu geben wie möglich. Aber die

Mutter lehnte das Kind ab. Die Mutter hatte während der gesamten Schwangerschaft nur gekotzt. Es war ein Dammschnitt. Fruchtblase musste aufgeschnitten werden. Gelbsucht, Blutaustausch usw. Pilz im Mund und Rachen, fast gestorben. Mutter wurde von zu Hause rausgeschmissen. Mutter hatte ihr immer klargemacht, dass sie unerwünscht war und sie nur geärgert hat. Sie hätte sie nie bekommen müssen und dürfen. Nach dem Abitur in die Lehre, ihr ganzes Leben war geprägt von Bauchschmerzen. Keine Endometriose. Schwerste Zustände von Verzweiflung bis hin zur Suizidalität. Anfallsartig, wenn die Schmerzen stark zunahmen, wälzte sie sich auf dem Boden. Sex in jeder Form, nimmt sie hin, hat aber keinen Spaß daran. In den ersten Jahren ihrer Sexualerfahrung, begonnen mit 14 Jahren, wunderte sie sich immer, dass die Männer fragten, ob sie nichts spürte. Sie hörte das Wort Orgasmus und meinte, das wäre nur beim Mann möglich. Sie war entsetzt, als sie sah, was da rauskam. Sie hatte kein Interesse, ihre Geschlechtsorgane zu untersuchen oder sich darüber zu informieren. Sie merkte nur, dass die Männer etwas unglücklich waren, wenn sie endlich fertig waren. Erst ein Arzt, den sie konsultierte, um endlich nach drei Jahren Ehe zu wissen, was ein Orgasmus bei Frauen ist, konnte ihr mitteilen, dass sie sich anatomisch informieren sollte. So erfuhr sie von Klitoris und allem anderen. Den besagten G-Punkt hatte sie nie bei sich gefunden. Die Männer waren ohne Interesse bezüglich dieser Begriffe. Die meisten waren desinteressiert an ihren Gefühlen.

Aber Träume, in denen sie lebte, gerieten zu Erlebnissen mit Folgen:

TRAUM IM TRAUM

Ich schau in das Gesicht einer jungen Frau. Dieses Gesicht verändert sich mehr und mehr zu meinem Gesicht. Als dieses Gesicht mit meinem übereinstimmt, blicke ich in die Augen und bekomme Panik. Angst. Ich kann die Situation nicht aushalten und wache auf. Dann liege ich in einem Bett, neben mir ein Mann, möglicherweise mal Sexpartner; dann will ich meinem Träumen Ausdruck geben, aber mein Mund ist mit Klebeband zugedeckt, zugeklebt, ich fühle mich in dem Bettengewühl total eingeengt. Mit ganzer Kraft befreie ich mich aus dem Bettzeug, reiß mir das Klebeband vom Mund; der Mann neben mir ist wach, aber hilft mir nicht.

Ich liege mit einem Mann im Bett; er ist vertraut; er ist von hinten an mich herangerutscht; kuschelt; ich liege fast an der Bettkante; da liegt auch ein fremder, unattraktiver Mann neben mir und fängt an, mich überall am Körper zu berühren, ich habe das Gefühl, diese Berührungen über mich ergehen lassen zu müssen, fühle mich hilflos, wehrlos. Es ist mir zuwider. Da verschwindet der Mann plötzlich von der Bettkante. Er steht auf und verschwindet hinter einer Wand; dabei zieht er Vorhänge hinter sich zu, dass man ihn nicht mehr sehen kann.

Ich bin unterwegs und will über einen großen Platz laufen. Auf dem Platz befindet sich eine ganze Armee von Soldaten, die teilweise mit ihren Gewehren hantieren; ich habe wieder Angst und weiß nicht, wie ich den Platz überqueren kann, ohne von einem dieser Männer gesehen zu werden. Ich laufe so schnell es geht an der Seite entlang, bis ich vor der Treppe eines Kellers stehe. Dort sehe ich zwei Frauen und ich frage sie, ob ich mir die Ausstellung von Eichendorff oder von Eichmann anschauen dürfte. Die eine Frau antwortet mir, dass es sich nicht um Eichen, sondern um Eierstich handelt. Ich stimme der Namenskorrektur zu, um in Sicherheit zu gelangen.

Ich bin in einem Kaufhaus und sehe einen Schal und ein paar Schuhe, die mir gefallen könnten. Vor dem Regal stehen zwei Verkäuferinnen und ich frage die eine Frau, ob sie mir die Sachen zeigen könnte. Daraufhin schickte sie mich an die Kabinenbox und sagte mir, dass ich mir dort die Sachen ansehen könnte. Ich ging in diese ziemlich enge Kabinenbox, neben mir war noch ein anderes Mädchen, und ich bekam Beklemmung. Aber ich war nicht imstande, etwas zu sagen. Denn es hing ein Lichtsicherheitsregal an meinen Füßen. Ich konnte noch einen Notruf-Knopf wahrnehmen und es fing an, sich alles zu drehen.

Ich bin mit einer Freundin im Ausland; wir wollen studieren; ein Mann, ein Dozent schaut mich missbilligend desinteressiert an. Später stehe ich auf der Veranda seines Hauses; blicke frei über das Meer. Es ist warm und wunderschön, ich spüre, dass er mich beeindrucken will. Fühle mich geschmeichelt, aber nicht wirklich zu ihm hingezogen. Dann stehe ich in einer Warteschlange am Skilift; dieser Mann kommt im hellblauen Ski-Outfit angerauscht, fährt an mir vorbei. Einen kurzen Moment lang habe ich den Impuls, zu folgen.

Ich bin mit einer Bekannten, einer Freundin, in einem Hotel. Ich suche ihre Zimmernummer 124, aber ich kann sie nicht finden. Ich verlaufe mich ständig im Flur; plötzlich stehe ich im großen Festsaal; es ist Silvester, alles ist festlich dekoriert, und ich stehe vor einem Tisch meiner Eltern. Meine Mutter sehe ich nur von hinten; ich sehe einen kleinen Glocken-Pferdeschwanz und denke mir, sie bekommt ja weibliche Züge; mein Vater und ich sehen uns direkt an, sein Blick ist traurig. Und ich weiß, meine Eltern würden sich wünschen, dass ich mich jetzt dazustellen würde. Ich gehe wortlos weg, obwohl ich ihnen damit wehtue; aber ich suche mit dieser Freundin weiter nach ihrem Zimmer. Ich bin im Krankenhaus auf der Entbindungsstation; ich trage eines dieser typischen Nachthemden und halte eine kleine runde Form in den Händen. Voller Stolz und Freude will ich zu meinem Ehemann laufen und es ihm zeigen. Dann winde ich eine dünne Folie herum, lege sie auf einen Tisch und ziehe diese Folie ab: Vor mir liegen nun kleine Organe, kleine Kringel, der Schlauch, wie ein Darm, sowie eine kleine Mütze und eine schwache Stimme bittet und sagt zu mir, ich müsse noch alle Sachen sauber sortieren.

Mein Mann und ich sitzen auf der Rückbank eines Reisebusses. Plötzlich kommt ein kleines Mädchen mit kurzen blonden Haaren auf mich zu und setzt sich auf meinen Schoß, sie zeigt mir ihre Spielsachen, ich fühle mich geschmeichelt, weil dieses Mädchen auf mir sitzt.

Ich stecke in einem Fahrstuhl fest, mit viel Kraft öffne ich die Tür und sehe den Himmel blau mit ein paar Wolken

Ich bin in einem Blumengeschäft, plötzlich stehen rechts von mir Freundinnen, die komplett in schwarze Ledersachen gekleidet sind und schwarze Motorradhelme mit dunklen Scheiben tragen. Deswegen kann ich keine Kinder bekommen. Ich werde vorweg verständigt.

Ich bin in einer Kirche und bereite Suppe zu; mein Vater erscheint; will mit mir über meine Mutter sprechen; ich willige ein und bin gleichzeitig dagegen.

Ein Mann liegt auf einem Bett, optisch nicht so ähnlich dem Dozenten, doch vom Wesen her könnte es der Dozent sein. Ich sitze auf der Bettkante neben ihm; mit einem Stift bzw. mit einer Stricknadel gleite ich auf meinem linken Arm hoch und runter; er trägt einen beigegräulichen Waldwollpullover, während ich mit dem Stift bzw. mit der Stricknadel auf und ab streiche, versuche ich im Zwischenraum der Maschen zu bleiben. Plötzlich sagte man, jetzt käme etwas: Ich höre Unfallgeräusche und bekomme eine Gänsehaut; ich sage, dass es sich nicht wirklich stimmig für mich anfühlt.

Elias würde so gern die Träume und den Bericht kommentieren. Das Einzige, was er hört, ist: Sie, sie habe von Kopf bis Fuß kein Gefühl und ihr Mann sei schwul.

(Therapie Aufzeichnungen vom Fall, leicht verändert zur Unkenntlichkeit)

NIETZSCHE

06-12-2019

Fall 29

Hajan musste nicht nach vorne kommen. Dazu war sie zu schüchtern. Viel zu jung, um überhaupt das Wort in der Öffentlichkeit zu übernehmen. Aber Elias und nur Elias hörte, was sie sagen wollte: Ich möchte meiner Freude Ausdruck verleihen, dass die wichtigen Menschen noch am Leben sind. Der Weltkongress von früher ist bis auf ein paar gegen die Welt konditionierte Menschen und Königshäuser umgekommen. Und so war es ein Kampf für sie und mich, den so niemand erwartet hatte. Das IS Soldatenprojekt machte noch zu schaffen, aber das Weltzerstörungsprojekt ist in Gänze zerschlagen. Mit Gottes und Jesu Christis Hilfe. Und einem Erzengel Gabriel, der 2017 an meinem Bett stand, was in mir den Wunsch weckte, dort einen Wallfahrtsort zu eröffnen. Der liebe Gott hat mit seinem Sohn 150 Jahre kämpfen müssen, und ich hoffe, dass die jetzigen Menschen nicht so erschöpft sind wie ich im Moment. Leider gab es Todesopfer und so habe ich ein seit Herbst 2018 gehacktes Handy und ich bräuchte dringend ein Schreiben, welches bestätigt, dass es dieses IS Soldatenprojekt gab und ich aus dieser Zeit trotz Gesundheit diese Projektdiagnosen bekommen habe. So möchte ich sie nennen, weil ich durch meine Intuition schon zu Beginn gespürt habe, dass da etwas nicht stimmt und dann auch noch mal die Diagnose „paranoide Schizophrenie" auftauchte, damit niemand das Implantat findet, ich all die Erfahrung mache, um mich im Netz für eine gewisse Dauer einzukreisen.

Wie gern würde ich etwas erzählen, nur ein kleines bisschen. Wenn sie wüssten, wie gern ich ein bisschen erzähle. Aber das ist mir nicht erlaubt. Ich darf es nur in mir denken und verschließen. So hat unser aller Kampf bewirkt, dass die Schöpfung Gottes weitere 100.000 Jahre Zerstörung und Mord und Totschlag erspart blieben. Jesus Christus und sein Vater haben mich mit Wundern bedacht und aufrecht gehalten. So wurde unsere Frau Regierung konditioniert, den Planeten nicht mehr zu wollen. Auch andere Welt-Kongressteilnehmer wurden konditioniert. Das machte das Ganze für uns umso schwerer. Ich wünschte, und vielleicht kann man es veranlassen, dass wir noch einmal den Weltkongress besuchen dürfen, da es nun darum geht, zu heilen, was 150 Jahre vorher krank hinterlassen wurde. Eine nicht gesunde Nahrungsmittelindustrie, die Psychiatrie mit ihren Psychopharmaka. Diese sind wirklich von einem Mann und dessen Kollegen erfunden worden. Leider habe ich nicht viel Zeit, um weiterzuerzählen. Ich bin glücklich über unseren Erfolg, nur die NASA Technik gilt es noch zu bekämpfen. Die ist sicherlich gegen Gottes Schöpfung gerichtet. Deswegen ist der Himmel so wie er ist seit ca. zwei Jahren. Dies ist eine Arbeit, wäre nur einfacher, zu kämpfen, wenn man nicht von einigen Seiten, weil gemordet wurde, mich als Zeugen zur Aussage als unfähig erklärt hätte.

HIWI

04-08-2019

Fall 32

Die Menge wurde unruhig, als eine unbekannte Person auf dem Feld sich erdreistete, alle mit ihrem Denken zu übertönen.

Ich kann keinen Sport machen wegen meiner Leiste. Das ärgert mich. In den vergangenen Wochen extensiv betriebenes Yoga und Pilatus haben enorm geholfen, mir Freiheit von Gedanken zu schaffen. Ganz Materie zu sein. Die Materie, die ich gänzlich bin, eben durch Materie zu fühlen und zu erfahren. Und ihre Grenzen zu spüren. Yoga hat nichts mit Spiritualität zu tun. Es ist ganz Körperlichkeit. Das ist gut. Als ich gestern aufwachte, war ich gestresst von einem unnötigen Kommentar meines Freundes. Freitagabend ließ sich dieses nicht mehr klären. Er sagt Dummheiten, insbesondere den Vorwurf, er habe etwas falsch gemacht, der aber ziemlich der eigenen Dummheit des Subjekts geschuldet sei, das rege ihn furchtbar auf. Am Samstag vergebliche Anrufe bei eben diesem Freunde. Er geht nicht ans Telefon. Mein Freund ist so organisiert, ich bin noch sehr anders. Ich spüre die Anspannung meines Freundes. Er fragt sich, wie es ist, diese Arbeit an einem Lehrstuhl der Philosophie. Das Warten auch heute ein Angriff. Es geht schließlich über in eine neue finanzielle Zukunft ab November. Mich überfordert und stresst das furchtbar. Ich will fliehen. Ich gehe an irgendwelche Laptops und lenke mich ab. Fiebrig vor der öffentlichen, offensichtlich unausweichlichen Tatsache, dass ich etwas tun muss. Es ist alles zu viel. Die Unsicherheit der beruflichen und persönlichen Situation. Da soll ich arbeiten. Die Hiwi-Stelle weitermachen ohne ein Stipendium?

STUDENT

07-08-1914

Fall 33

Der Anfang war ein Erschrecken. Wegen einer Diskrepanz zwischen der verständnisvollen Miene und den Worten des ehemaligen Chefs war er mehr beglückt als geängstigt. „Dieser ist der eigentliche Opponent", hatte er gesagt und die Leute mit dem Zeigefinger auf ihn aufmerksam gemacht. Das ganze Seminar drehte sich nach ihm um. Er war hinter dem Mauervorsprung an der Tür zurückgewichen. Die alte Psychopathologie sei jetzt nicht mehr en vogue. Er wolle sie weiter pflegen. Aber solche Typen wie er!

S-BAHN II

2016-2019

Fall 34

Die S-Bahn Gesellschaft: übergreifende Empfindungen beim Betreten der allmählich sich als besonders herausschälenden Sitzpositionen gleich links neben den S-Bahn Türen wie ein abgesperrtes Abteil. Jeder, der morgens diese von geistiger Elite geprägte Atmosphäre erlebt hat, wird sie sein Leben lang nicht vergessen. Elias war der Führer und Gestalter der 40 Minuten Fahrt vom Umland am See in die Metropole. Das Ganze begann mit einer fast widersinnigen und höchst gefährlichen Interaktion zwischen dem alten Professor und der jungen zehnjährigen Geistesgröße, die als Hindernis ihrer Entwicklung immer den Vater mitschleppte. Oder war es doch anders? War der Vater nicht derjenige, der sie dem berühmten Professor präsentierte, um weiter sicher zu sein, dass sie etwas ganz Besonderes wird, mehr als der Vater und seine Frau? Sie Künstlerin, fantasievoll, die Menschheit verbessern zu wollen, und er tief gedrückt durch das Leben mit insuffizienten Frauen. Jetzt aber war er deutlich künstlerisch tätig, indem er Theaterstücke schrieb und auch aufführte, die niemanden wirklich interessierten. Wenigstens bekam er Beifall. Er fuhr nach Asien, er organisierte und konstruierte Toiletten, die nicht stanken, weil mit einer besonderen Vorrichtung die Luft dem Täter nicht in die Nase stieg. Asien, Tadschikistan und die Welt draußen waren sein Beritt. War er voll Sorgen? Wollte er noch etwas vom Leben? Der Professor war natürlich Feuer und Flamme für dieses kleine Mädchen. Die Kleine war nicht schön, aber attraktiv in ihrer einfachen überlegenen Intellektualität. Sie hatte Schwierigkeiten mit ihren Kommilitoninnen. Sie war immer zwei Jahre jünger als die gesamte Klasse. Sie wurde allmählich musikalischer. Die anfänglichen Cellostriche entwickelten sich zu einer meisterhaften Musik. Sie komponierte. Als dann die Kindlichkeit zu einer jungen Mädchen Form heranwuchs, verliebte sie sich natürlich ohne Klage der Eltern in diesen Professor, der so alt war, dass man ihm kaum mehr glauben konnte, dass er noch lebte. Die Gespräche über alles, was jeden Einzelnen nicht interessierte, waren hilfreich, um zu vertuschen, dass zwischen diesen beiden ungleichen Menschen ein zartes Gefühlsgewebe entstand, was beide natürlich verneinten. Elias sah es sofort, er spürte die Adhäsion der Genialität. Elias hielt sich natürlich öffentlich nicht für genial, aber im Inneren war er allen anderen Lebewesen allein durch die jetzige Berufung überlegen. Das spürte die junge Dame und Künstlerin und erzitterte bei dem Gedanken und der Vorstellung, sie könnte einmal im Arm des Professors liegen und sein altes Geschlecht streicheln, das dieser ja schon vor vielen Jahren vergessen und verloren hatte. Welcher sexuelle Genuss hätte da auf die beiden gewartet? Aber Denken war zu diesem Zeitpunkt immer noch die Vorbedingung der Lebendigkeit, meinte öffentlich auch Elias. Er wusste allerdings, dass das völlig verquer war. Und kurz bevor Elias eingriff, um das Geflecht zu zerstören, war von außen die Verbindung abgebrochen, da die

Kleine nicht mehr erschien. Dafür waren aber andere da. Ein heiliger Schauer durchfuhr ihre Hirne, wenn sie den berühmten Professor dozieren hörten über das Leben, den Schlaf, den Traum und den Unsinn der Sexualität. Elias provozierte alle. Mühsames und gequältes Lachen schallte durch diesen Vorraum der S-Bahn, eine Vorhölle der intellektuellen Dramatik unfähiger Versicherungsbeamter. Natürlich war niemand Versicherungsbeamter. Aber sie führten sich so auf, als hätten sie die Welt versichert, verdrahtet, entdeckt, aber die Lösung für ihr eigenes Spiel war ihnen letztlich nicht vergönnt. Sie witterten, dass der Professor das schafft und ihnen auch noch nebenbei, ohne etwas dafür zu verlangen, Sinnhaftigkeit im Denken beibrachte. Elias fand nur Scham und Sorge, wie das weitergeht. Eine junge Dame mit altem Hund auf dem Arm witterte Morgenluft. Auch wenn Donald Trump nicht zum Gespött ihres Gespräches wurde, war der Fußball des FC Bayern sicherlich nicht Objekt ihrer Begierde. Sie wollten wissen, ob ihr einsames Leben mit oder ohne Kinder überhaupt noch einen Bestand hat in der Verortung brutaler Macht. Eine Freude, jeden Morgen dieselben Leute zu sehen. Immer wieder darauf zu achten, dass ein neuer Ansatz für ein lustvolles Leben gefunden wird. Elias war nun glücklich, die Endlichkeit der Hirnwindungen in den einzelnen Menschen zu empfinden und wurde geschüttelt von den miesen Gedanken, die aus dem Abteil heraussteigen, um Kinder zu zeugen oder Geld zu verdienen. Manchmal sogar beides. Ein Desaster. Konnte da nicht mal ein Baum so stark von Schnee geschüttelt werden, dass er auf diese Versammlung fällt und alle auf einmal ausmerzt. Nein, das war nicht der Gedanke. Der Gedanke war, dass Elias ihnen den Spiegel vorhält, damit sie erkennen, dass ihr eigenes Gesicht fremder ist als jedes andere fremde Gesicht ihnen je sein würde. Dieser Teil des der S-Bahn war die Mitte, die er immer gesucht hatte. Kontakt mit denselben Menschen, ohne dass sie es merkten. Elias konnte von zu Hause aus jetzt in jedes einzelne Gehirn sehen und erlebte die kleinsten Kleinigkeiten dieser Menschen. Die Geburt einer Tochter, die Geburt eines Sohnes, die neue Heirat, die Entwicklung der Kinder. Die Ferien, ach die Ferien, die Ferien waren genau das, was sie letztlich gemeinsam hatten, da sich jeder darauf freute. Und ein jeder kam zurück mit Erlebnissen, die genauso blöd waren wie vor 20 Jahren. Welche entscheidende Stellung hatte er jetzt inne? Sie wussten ja nicht, dass er kein Professor war. Konnte und wollte Elias diese Gehirne wirklich beeinflussen, hatte er nicht eine entsetzliche Angst davor, dass er alles schlimmer machte? Wollte er wirklich wissen, was diese Leute denken? Allmählich bekam er Angst, sich in die S-Bahn zu setzen. Fuhr nur noch zwei Tage die Woche mit. Manchmal versenkte er sich total einsam wieder wie früher in seine E-Mails.

Und es kam die Zeit, da sie gebären wollte und schrieb: Kinder kommt alle zu mir, seid leise, erzählen wir uns doch, was nicht einmal Zarathustra wusste:

Leben ist nicht Leben, sondern leben ist leben.

Ein dramatisches Erzittern war die Folge aller dieser Menschen. Sie folgten ihm im ersten Halbsatz, den zweiten Halbsatz konnten sie nicht verstehen, weil er auch keinen Sinn hat. Aber das ist das Wesen dieser unglaublichen Erscheinung, die er nun repräsentierte. Elias fühlte sich fast göttlich oder wie eine Meise, die den Winter überlebt hat.

DIE TRAUMLOSE GESELLSCHAFT

07-08-2019

Fall 33

Die Wissenschaft ist unfähig. Untersuchungen zum Schlaf widersprechen der üblichen Erfahrung. Der eine mag, der andere mag ihn nicht: den Schlaf. Er teilt nicht nur die Mitmenschen, sondern auch das Leben. Er schlummert uns ein, er weckt uns. Er verführt uns. Er verbietet, erlaubt und verhindert. Das Schlafleben ist knallig, neblig, verhangen und offenbarend. Tierisch und menschlich ergießt sich der Schlaf auf die Physis und die Psyche. Verstehe ihn, wer will. Elias will nicht, Elias nimmt den Schlaf als Wissenschaft und Dichtung, als Gott und als Sklave.

Der Ablauf ist einfach. Das Aufregendste ist die Einförmigkeit. Vorhersagbar die Stadien, vorhersehbar. Nicht vorhersehbar, was grob in der Nacht zu messen ist. Nicht vorhersehbar, was dem Schläfer wirklich passiert. Auch nicht messbar. Warum? Weil nichts zu messen ist. Passiert ihm nichts? Genauso wenig wie am Tag? Was zu messen ist, scheint einzig vorhanden. Was nicht zu messen ist, läuft nicht ab. Welcher Unsinn. Dein, mein Schlaf, dein und mein Tag verlaufen in nicht messbaren Dimensionen, alle sind verwertbar, wertvoll, verwertend.

Es gibt nichts Schlimmeres als die Logik. Und den Zusammenhang. Beide töten den lebendigen Bescheid.

Zerreißen die Botschaft von nirgendwo. Ohne sie leben und schlafen wir nicht. Schläfst du so wie ich?

Neben wem schläfst du? Neben dir oder in dir, mit wem gehst du zu Bett, wer oder was ist dein Bett?

Wenige haben ihren Schlaf, wenige benutzen ihn, wenige werden bemerkt. Keine unmittelbarere Wirkung wird mehr erhofft als von ihm. Kaum jemand geht sorgloser mit ihm um als der Mensch. Eine Selbstverständlichkeit, selbstverständlicher als Essen und Trinken. Die Forderung ist zu stark wie an Sonne und Mond, Gezeiten und das Wetter. Trotzdem eigentlich überflüssig. Ein Muss, eine Notwendigkeit, jemand, dem man sich unterwirft. Wer unterwirft sich dem Unbekannten? Hunger ist mir bekannt, Luftnot ist mir bekannt. Müdigkeit ist mir bekannt aber acht Stunden Schlaf? Komm heilige Müdigkeit, hol mich aus dem täglichen Schlamassel. Befreie mich von den Sorgen. O selige Nacht! Eine quatschige Romantisierung, die als zweite Form der Wachheit gilt. Ein neuer Status, ein alter Wein in neuen Schläuchen, eine Schatzkammer, in der alles nur gärt und brodelt und neu aufgearbeitet wird. Eine jahrhundert-, jahrtausendalte Gebrauchswaffe für und gegen den Frieden, von Völkern, Menschen, Generationen, Richtern, Päpsten, Religionen und Einsiedlern. In seinem Namen wurden Verbrechen begangen und Verbrecher bestraft. Geheimnisvoll und kunstgerecht erlitten menschliche Gefühle eine göttliche Schlachtung, viergeteilt und zerlegt, ausgelegt und versteigert, verkauft und meistbietend getauscht. Das Eintauchen in eine unbekannte Wirklichkeit fördert die Spekulation und verhindert die einzigartige tatsächliche Auseinandersetzung. Mit wem sollten wir spielen, wenn nicht mit der Voraussicht auf unseren neuen Tag.

Sprichst du mit dir, mit dem Schlaf oder mit Verwandten deines Tages?

Die Geschichte einer Entwicklung, aus der Dämmerung unserer Vorgeschichte. Keine klaren Bestimmungen von Zeiten und Bedingungen. Eine Zeitwelle rollt auf uns zu. Entstehen und Vergehen waren wohl die erste Sekunde. Der erste Ablauf: Hat damit Schlaf zu tun?

Der große Irrtum über Jahrtausende bis heute: Ruhe sei zeitlos. Oder noch besser: Ruhe sei Ruhe. Am siebten Tag ruhte Gott. Er schläft noch heute. Nein. Es gab von Anfang an immer ein kurzzeitiges Ende. Ein Anfang war prädestiniert für ein vorübergehendes Ende. Die Aktivität der gegenständlichen Welt hatte zwischendurch Zeiten der Ruhe. Markierungen der Zeit? Und die Ruhe hatte zwischendurch Zeiten der Aktivität. Strukturen? Scheint übertrieben zu sein. Ein Umwenden des Blattes, ein neuer Anfang, eine Fortsetzung. Vor Gott war alles Ruhe, oder? Und wo Gott endet, beginnt die Philosophie. Warum hat sich etwas bewegt? Weil Ruhe ohne Bewegung nicht existiert. Und dann kamen Licht und Schatten. Wer ist wann ruhig, wer ist wann aktiv? Die Dauer muss gestaltet werden. Doch der Versuch, für die Erholung etwas zu tun: Aber Schlaf? Nicht nötig! Dann kurz vor unserer Zeit sinnvoll. In einer Vielzahl von Variationen: kurz, lang, durchgehend, zerhackt, störbar, nicht störbar, jederzeit, gegliedert, allein, gemeinsam, gefährdet, nicht gefährdet, im Dunklen, im Hellen, im Liegen, Stehen, bäuchlings, rücklings, über und untereinander, gerollt, gestreckt. Was passiert da: Überleben, Überlebensstrategie, Überlebenstraining? Ziellose Entscheidungen der Natur können nur mühsam tradiert werden. Oder?

Und Kant nahm Elias beiseite und übersetzte Horaz: Sapere aude: Habe Mut, Dich Deines Verstandes zu bedienen. Sie antwortete: Sentire aude: Habe Mut, Dich Deiner Gefühle zu bedienen.

Die Ordnung im Kopf wiederherstellen. Ziele finden und verfolgen. Der Augenblick ist die Zukunft. Was tut der Augenblick ohne Zukunft? Der Augenblick ist die Zukunft. Aber was ist der Augenblick ohne Vergangenheit?

PROFESSORIN

Fall 36

Elias wird von einer Frau zu der Vorlesung eingeführt und vorgestellt. Es ist die letzte Stunde einer Serie. Sie weint, während sie mitteilt, dass die Fakultät einer anderen Wissenschaftlerin die Anstellung verweigert. Sie geht runter zum Pult. Sie sieht, dass unendlich viele Hörer da sind. Elias sagt ein paar Bemerkungen zu dem Vorfall. Er freut sich über die rege Besucherzahl. Da stehen viele auf. Sie verlassen den Raum. Sie lehnen Elias ab. Er spürt den Hauch einer Verwesung. Elias ist vollkommen überrascht. Er fragt, was los ist. Nach langem Zögern erklären ihm ein paar Studenten, die er kennt: Sie ertragen seine ironische Haltung nicht. Sie protestieren. Elias ist entsetzt. Warum haben die Studenten es ihm nicht mitgeteilt? Nun ist alles klar: Im Traum laufen eigene Denkstörungen unkontrolliert und unabhängig ab, die sich gegeneinander richten können und aufeinander beziehen, ohne von einem zentralen Ort gewusst zu werden. Das Gehirn ist aufgebaut wie die Welt: in Funktionen, in Funktionseinheiten, deren Teile lokal weit voneinander entfernt sein können. Dies ist sogar erwünscht, da hiermit die Verletzlichkeit und Angreifbarkeit und Störanfälligkeit minimiert werden können. Noch dazu ist damit gewährleistet, dass jedes Teilstück einer Funktionseinheit als Einheit selbstständig agieren und verschiedenen Funktionseinheiten dienen kann. Elias verstand jetzt seine Aufgabe besser: Er sollte diese Einheiten und Untereinheiten in der menschlichen Gesellschaft ausfindig machen. Die monadenähnlichen Untereinheiten sollte er in der Gesellschaft aufspüren. Diese waren aber nicht erkennbar, solange ihre Gedanken nicht bekannt waren. Die Typisierung der Monaden gemäß der bewussten und unbewussten innerseelischen Abläufe sollten zur Grundlage der gesellschaftlichen Neuordnung werden. Ein erster Versuch einer Erfassung der Funktionstypen sei mit Elias möglich geworden – wegen seiner ungewöhnlichen Begabung. Die Menschheit müsse geordnet werden nach der Funktion der affektiven Möglichkeiten des jeweiligen Subjektes. So werden diese Hierarchien gebildet und in dieser Funktion muss etwas Entsprechendes geleistet werden. Jedes Endprodukt (zum Beispiel verschiedene mentale Fähigkeiten) muss auf seine Grundlage zurückgeführt werden. Dies ist die moderne Psychopathologie. Die Einheiten kann das Gehirn auch unterschiedlich zusammensetzen. Verschiedene Grundfunktionen können für unterschiedliche Hauptfunktionen jeweils benutzt werden. Darauf ist auch die Störanfälligkeit unterschiedlicher Hauptfunktionen zurückzuführen. Die Gesetzmäßigkeiten sind zu erforschen. Am offensichtlichsten ist diese neue Einteilung im Traum und in der Psychopathologie selbst; beides ist zu beschreiben.

ICE II

2001

Fälle

Liegen im ICE und allein. Beine gestreckt, im Knie hin und wieder ein Schmerz, der Kopf im Krieg, Rütteln und Rütteln. Wie soll sich der Schlaf irgendwann einmal im Störungsfeuer unsensibler Kontrolleure einfinden? Nenne mir einen, der sich nicht im Gefecht erhebt und den Körper verlässt, sich entleibt, wie geköpft, wie enthirnt oder entschalt, entrüstet. Als Nacktschnecke kriechen ist Unsinn. Hier ist Geschwindigkeit gar nicht leise. Hänge die Seelenfäden an Bahnmasten. Spinne und häkle ein Schwungbrett ohne großes Gehörn. Spielen Erinnyen laut. So geht's denn los und Getrappel ist leis wie eine Knust unterm Tisch. Keine Geheimnisse, spielt euch nicht auf, ändert nicht immer die Zeit. Fliegt in die nie vertane ofenfrische Fettleibigkeit der Luisitanischen Originalität. Da und nur da sind der Orkus und zugleich auch der Hades, kein Cheiron. Die Zeitstrecke verlassen, schweben. Was immer Seele hat, lässt den Körper in Schmerzen liegen, auch wenn er nicht mag, ohne ihn kann sie nicht, nicht einmal das, aber das doch. Darüber eher zaghaft, kein Bild, ein Versuchen, Versuch erst, im sichtbaren Flug, dann ein Sturzflug nach oben, unten, vor und zurück, ungeordnet ohne Ziel, wie ein Hirn-Gesplitter, kein Gespinst. Feuert sie alles, was sie bekommt in Öfen, in Freuden, Sonnenwenden, Hexenschmelz und Exorzismus-Flammen und fühlt sich wohl in der Erbauung, nicht im Verteilen von unordentlichen Fetzen, die dann, gelesen, gefoltert, gefiltert den schwarzen Himmel erhellend, endlich in ihr die zarte Spur der höchsten unbändigen Kunstform in absoluter, nein ungeistiger Nichtigkeit verlegt. So – nur so erhält sich Gestalt und mag nie mehr zurück; warum auch? Aber es muss sein, nur nicht heute. Darum ab, nicht in die Hölle, in Schlimmeres: Zeit und Ort – Strukturen der kleinen unbiegsamen Bürgerlichkeit, der Humanität und des Schicksals, in den leeren Bauch und die Einsamkeit.

FRIEDRICHSHAFEN 1941

Fall 35

Am schönsten Platz der Erde und des Weltraums haben sich Adam und Eva vermählt. Keines der Kinder war je dort geboren. Elias aber hatte die Gene in unnachahmlicher Weise gezwungen, getriezt, sich den Ahnen zu beugen, die unmissverständlich auf sie, nur auf sie zuliefen, wie Schnüre: Desoxyribonukleinsäure-, Schlangen-Vertreiber, Flöten und Gesänge, Beschwörer und Hexer, Dichter, Scharfrichter, Ärzte und Banker im Zellsaft. Biedere Emporkömmlinge einer deutschen Geschichte im Rhythmus des jahrhundertealten Epos. Kein Zuhause, ein Kriegsgewirr, vor- und nachher, eine Loslösung, ein Versuch der Männlichkeit von allen Seiten, ein Ausweichen der endlosen Metzelei, den Bomben, den Tötungsmaschinen zur Endlösung. Mit Kultur aufhalten: Bücher, Möbel, Gärten, Äpfel, blickend auf sie, Berge, Landschaft, Schweizer Lichter mit Hoffnung und Bauern, mit Rotkreuz-Einsatz und Kirche, Beten, Schütteln und Betteln um Milch und für den Sieg, gegen Hunger und Tod, für ein Ablenken der Kugeln von den Liebsten, gegen den leeren Bauch und die Einsamkeit.

START-UP

Ein Vierter trat vor und meldete

Elias erschrak beim Anblick dieses Mannweibes. Er konnte nicht erkennen, auch nicht im Gehirn dieses Menschen, ob es ein Mann oder eine Frau war. Von unaussprechlicher Schönheit, aber zurückgenommen in eine Wesenheit, die keine Geschlechtlichkeit duldete. Sie war dann doch die Beatrix, die durch eine riesige Wohnanlage führte. Viele kafkaeske Zimmer, in denen nur Computer standen und Menschen auf unbequemen Stühlen saßen. Diese unterhielten sich freundlich, ohne Aggressionen, und erarbeiteten neue Methoden und Inhalte der künstlichen Intelligenz und der künstlichen emotionalen Intelligenz. Eine europäische Erneuerung des Silicons Valley. Elias war nun glücklich, endlich so etwas zu finden. Er schaffte Mut. Und empfing Folgendes:

Habe ein sogenanntes Promotions-Abschlussstipendium erhalten. Dies ist schon an sich spektakulär. Ich arbeite zusätzlich als freier Mitarbeiter bei einem Start-up für künstliche Intelligenz. Arbeit auf Abruf, nur wenn etwas ansteht. Jederzeit kündbar. Ich verdiene damit ein paar Euro. Ist alles viel planbarer als früher. Ich habe kein geregeltes Einkommen. Der Grundbedarf ist gedeckt, aber nicht richtig. Zusätzlich mach ich Ethikberatung für andere KI-Start-ups. Meine Eltern haben nicht mehr viel Geld.

Also ich habe ganz andere Ansätze. Ich meine, dass das, was wir Ethik nennen, ein Artefakt des Gehirns ist. Das Gehirn ist ein Organ der Interaktion, ein Organ, das mit anderen kommuniziert, also ein soziales Organ. Und dieses soziale Organ kann nicht richtig funktionieren, ohne eine Regel in Bezug zu anderen zu haben. Diese Regel ist ein Artefakt der Hirnentwicklung. Selbst die Ameise hat ja ein Gehirn und die hat auch ein Regelwerk, nur ist das nicht wertebestimmt, sondern abhängig von der Intention der Ameise, einen Sozialstaat zu bauen. Und wenn man diesen Vergleich mal anschaut, dann verstehen wir, warum ich sage, es ist ein Artefakt. Ethik ist entstanden aus der Notwendigkeit des Gehirns, unterschiedliche Bedürfnisse, die miteinander konkurrieren, zu befriedigen. Das Problem ist, dass die Philosophie in den letzten Jahrhunderten einfach übernommen hat, dass die Ethik etwas Wichtiges ist, dass es wertvoll ist. Das ist Quatsch, Ethik ist nicht wertvoll. Der Mensch erhält seine Würde nicht durch Ethik oder dadurch, dass er sich nach ihr richtet. Wir brauchen die Ethik nicht. Ethik heißt hier nur: Wenn wir den ethischen Normen entsprechen, können wir unser soziales Gefüge besser in den Griff kriegen. Wir erhalten durch Ethik eine „un- oder übermenschliche" Machtstruktur. Und wenn wir fragen, wofür benötigen wir Ethik, dann ist Ethik für mich eine Struktur, raffiniert aufgebaut von den Machtmenschen, um die Macht zu legalisieren. Das ist genetisch zum Teil verankert, zum Teil aber auch nicht. Wenn es – zunächst gelernt – eine biologische Verankerung im genetischen Apparat erhält, könnte es sein, dass das allmählich zu einer festen Erfahrung von wertmäßig guten Beziehungen ist. Aber das ist alles Unsinn. Für mich ist es schrecklich zu erfahren, dass das, was in Ethik von Vorgesetzten, Philosophen und Priestern gelehrt wird, immer als besonders toll und bewundernswert dargestellt wird. Das ist es aber überhaupt nicht, ganz und gar nicht. Schon von Jugend an wird die Ethik überhöht in das Feuerwerk der unsterblichen Seele gemischt und zum Opfer für die Götter missbraucht.

Es ist furchtbar, kein Geld zu haben; wie soll ich dann meine philosophische Arbeit machen; ich will viel Geld verdienen. Soll ich bei meinem Freund einen Kredit aufnehmen? Ich würde so gerne mit 30 Jahren auf eigenen Beinen stehen, das wäre ein gutes Gefühl. Mein Freund hat bald die Geduld mit mir verloren. Die Beziehung zu meinem Freund ist kaum mehr emotional. Die Diskussionen sind endlos. Mein Freund kann nicht vertragen, wenn ich seine Argumente nicht verstehe. Das ist seine Schwäche; dabei geht emotional viel Zeit verloren. Die Zeit, die sich sparen ließe, wenn man immer nur intelligente Menschen um sich hätte. Stattdessen diskutiert mein Freund über den Nahostkonflikt. Zähe und eindringliche Unterredungen am Telefon. Ich verstecke mich hinter einem Brett, scrollen auf eBay. Ich klinke mich aus. Ganz stimmt das nicht: Ich teste mich aus. Anfangs ist es so, als hätte ich alles unter Kontrolle. Noch Bodenhaftung. Es geht mir darum, zuzuschauen, ob gewisse Gedanken sich tatsächlich so zugetragen haben können. Jetzt kommen die schrecklichen Zwangsgedanken: Habe ich vielleicht einem Kleinen etwas angetan? Ich habe es schon oft beschrieben. Ich glaube mich zu erinnern, dass ich von meinen Cousin, als er vielleicht fünf bis sieben Jahre alt war und ich entsprechend 15 bis 18 Jahre, einen Kuss haben wollte. Ich hatte ein sehr enges Verhältnis zu meinem kleinen Cousin. Nie zuvor oder danach habe ich so starke Muttergefühle gehegt wie für dieses Kind, als es klein war. So ein hübscher, sensibler, ruhiger Junge. Kinder sind immer nervig, aber ich habe ihn so liebgehabt. Ich kann mich nicht gut erinnern. Manchmal habe ich das Gefühl, dass ich ein verdammt schlechtes Gedächtnis mit vielen schwarzen Flecken habe, dies macht es mir mit den Zwängen nicht leicht. Sie manifestieren sich, ohne dass ich es will. Sie stellen sich manchmal den Erinnerungen entgegen. Ich glaube schon, dass ich ein Bussi von ihm haben wollte, als er mit mir spielte. Ich glaube, ich fühlte mich geschmeichelt und empfand es sehr süß von ihm, ein Küsschen zu bekommen. Kaum ein Bussi. Ich glaube, danach war ich mir nicht mehr ganz sicher, ob es das ist. Habe ich es wirklich nur bei einem Kuss bewenden lassen? Hier fing der zwanghafte Gedanke an, mich sehr stark zu peinigen. Habe ich vielleicht doch noch etwas anderes gemacht? Habe ich ihn vielleicht ermordet? Wollte ich ihn vielleicht ermorden? Wie dem auch sei: Gestern kam mir, wie schon öfter, der Gedanke: Was ist, wenn ich mich sexuell an ihm vergangen habe? Was ist, wenn ich es forciert habe, ihm ein Bussi zu geben und sogar Schlimmeres passierte? Anfangs versuchte ich, klar zu denken: Du Depp, du denkst, du hast ihn vergewaltigt? Nein, du denkst, du hast ihn sexuell missbraucht? Ich werde immer unsicherer. Es verschwimmt alles. Ich verliere Klarheit und Kontrolle. Nein. Ich versuche mich angestrengt zu erinnern. Was geschah da eigentlich? Habe ich ihm was zu sagen? Was denn zu sagen? Hatte er mich gebeten, dass es unser Geheimnis bleiben soll? Ich weiß es nicht; ich glaube doch, dass ich gesagt habe, dass er ein Bussi wollte. Habe ich gelogen?

War mir was geschehen? Ich kann mich nicht erinnern. Panik steigt in mir auf. Alles dreht sich, verzerrt sich, ich bekomme keine Luft mehr. Diese Gedanken, die mich quälen, sage ich meinem Freund am Telefon; der Freund meint, ich übertreibe, aber es erdrückt mich. Ich spüre mich nicht. Ich fühle große Verzweiflung. Was bin ich eigentlich? Wie bin ich zu diesen Gedanken gekommen, wie habe ich diesen Gedanken bekommen? Was kann ich ihm entgegensetzen? Und was ist, wenn es tatsächlich doch wahr ist? Die Gedanken geben sich als mögliche Wahrheit aus. Ich holte sie aus mir raus, aus Schubladen, mich zu testen in der Hoffnung, ich werde etwas finden, was klar ist. Aber nichts ist klar. Wenn ich nicht weiß, was passiert ist, wie kann ich dann damit umgehen, dass nichts passiert ist? Ich glaube, das Ganze ist eine Sucht von mir. Ich will mich bestrafen, wofür? Ich bin Alkoholiker, der sich an dieser schrecklichen Tat aufgeilt. Ich muss mich selbst beweisen. Ich muss mich testen. Ich will ja nicht das ganze Erlebnis genießen. Genieße ich, was ich da erlebt habe? Schon habe ich die Kontrolle verloren und bin süchtig nach dem Gefühl, schreckliche Taten begangen zu haben. Das sind dann keine Zwangsgedanken mehr, sondern wunderbare Erlebnisse, die sonst im Gefühlsbereich nie auftreten. Ich bedaure das furchtbare Gefühl. Aber ich werde es nicht los. Meine Gedanken müssen dabei nicht bis zum Äußersten gehen. Es reicht mir die Andeutung, die größte Verzweiflung, die größte Schuld, um in mir die größte Freude hervorzurufen.

Jede Mutter herzt ihr Kind. Keine macht sich deswegen Vorwürfe. Und wenn es nur ein Bussi war? Was macht das aus? Und wenn es nicht nur ein Bussi war? Ich lebe im Spinnennetz. Ich bekomme es einfach nicht los. Da hilft es auch nicht mehr zu sagen, dass ich erst viele Erfahrungen im sexuellen Bereich machen müsste. Ich hatte damals noch keine Erfahrung. Ich wusste gar nichts von Sexualität. Ich hatte nur enorm viel Fantasie, was da los ist. Ich hatte die Gefühle im Körper. Ich war ja noch sehr jung. Ich weiß, dass ich aus diesem Erlebnis, aus den Zwängen viel Fantasie schöpfe. Aber das hilft mir nichts. Ich komme von den Zwängen nicht los, mich zu peinigen. Das Gefühl von Schuld ist so groß, dass ich mich davon nicht spontan befreien kann. Ich weiß auch, dass diese Gedanken manchmal vergehen mit der Zeit. Doch je weiter die Distanz zum Geschehen ist, umso schlimmer sind die Zwänge, die mich dazu bringen, neue Taten zu erfinden bzw. als Fertigkeit anzunehmen. Die Vergewaltigung des Kindes. Gegen diese Gedanken sind Yoga und Pilates gute Waffen. Sie haben mir Freiheit von Gedanken verschafft. Ich wurde ganz Materie. Die Materie, die ich gänzlich bin, etwa durch Materie zu fühlen, zu erfahren. Und ihre Grenzen zu spüren. Yoga hat nichts mit Spiritualität zu tun. Es ist ganz Körperlichkeit. Das ist gut. Gestern aufgewacht und mein Freund war sehr gestresst; er ist so dumm. Er hatte den Vorwurf, er habe etwas falsch gemacht, ziemlich böse aufgenommen. Keine Dankbarkeit. Er fragt etwas süffisant, was ich mir denn für eine Philosophie ausdenke. Das haut mich um. Angriffe von ihm fördern meine Zwänge mit Gedanken aus der Kindheit. Ich bin fertig, mich stresst alles, ich will fliehen. Ich fliehe in den Laptop. Fliehe vor der offensichtlichen Unerreichbarkeit einer ruhigen Arbeit. Dann muss ich mich um einen Kranken kümmern. Vielleicht bringt das die Lösung. Wenn es mir finanziell schlecht geht, brauche ich keine Zwangsgedanken. Und schon habe ich wieder den Impuls nachzufragen, was damals passiert ist. Dabei kann ich klar verneinen, dass etwas passiert ist. Es geht mir gut. Er erinnert sich an nichts, er bewundert mich. Obwohl ich das zuweilen auch infrage stelle, in der Erinnerung krame, ob das wirklich stimmt. Ist etwas passiert oder nicht oder was genau, ich finde keine Ruhe, weil ich keine klare Erinnerung habe. Ich bin unzweifelhaft in Zweifel. Das macht mich wahnsinnig. Diese Bilder von dem Ereignis, die ich vor mir habe, werden immer schlimmer. Ich habe eine definitive Erinnerung und korrigiere sie ständig. Irgendwas ist fehlgeleitet in meiner Erkenntnis. Mein Erkenntnistrieb geht einen falschen Weg. Das, was ich eigentlich auf das Sein des Menschen allgemein und das Sein der Dinge konzentriert habe, werde ich höchst destruktiv immer deutlicher bearbeiten müssen. Ich beschütze dies, aber kann es formal nicht in eine gewisse Richtung schieben. Es kommt nichts Richtiges dabei raus; es geht nur immer weiter. Die destruktiven Gedanken, die nichts anderes sind als Zeit zu schinden, zerstören mich. Ich mache mir etwas vor, was nicht wahr ist. Ich bin immer ein schlechter Mensch. Dieses Mal denke ich, dass ich der Wahrheit ins Gesicht zu schauen habe und die Bilder vor mir zulassen soll. Ich verabschiede mich. Es geht mir um konstruktive Wahrheit.

13-01-2000

Ich fühle mich sehr schlecht, könnte heulen; immer wieder drängen sich diese schlimmen Gedanken auf, ich könnte jetzt runtergehen und meiner Mutter den Hals umdrehen; ich sehe das Bild, das ist noch fast erschreckender. Ich gehe danach in die Uni. Ganz normal am nächsten Tag. Es brennt, ich bin wie verhext. Werde ich verrückt? Haben die Ärzte was übersehen? Wieso denke ich so was? Ich fühle mich absolut schrecklich, was unterscheidet mich von den Menschen, die so was wirklich tun? Ich habe auch schon so oft in den Nachrichten gesehen, dass es so etwas gibt.

Vor Kurzem habe ich folgenden Fall gelesen: Ein Mann bringt einen kleinen Jungen um, den er nicht kannte, einfach so. Es heißt, er wollte Macht ausüben. Damals habe ich den Fall sehr genau verfolgt. Ich konnte es nicht fassen, dass der so was tun konnte! Und jetzt? Jetzt habe ich selbst so schreckliche Gedanken. Was unterscheidet mich von diesem Würge?. Es kamen so viele Gedanken, die alles hinterfragen. Welches Motiv liegt hier zugrunde? Ich empfinde alles, was ich tue und denke, als Perversion. Selbst hinter den unschuldigen Gedanken erlebe ich Entsetzen, Fassungslosigkeit und Hoffnungslosigkeit. Bin ich derselbe Täter wie dieser Würger? In Wahrheit verabscheue ich das vielleicht, aber was ist mein Ich? Ich will das alles nicht mehr. Ich fühle mich so schlecht. Und dann dumpf und leer. Bin ich ein Monster? Bin ich so wie die Menschen, die das wirklich getan haben?

Nach zwei Stunden ging es mir etwas besser. Ich musste zur Uni. Ich traf auf dem Weg dorthin zufällig meinen Freund. Es war beinahe Schicksal für mich, weil es mir wieder so schlecht ging. Er schaffte es, mich wieder, mich etwas aufzurichten, obwohl auch diese Gedanken bei ihm ihren Ausgang nahmen. Ich habe mich ein wenig analysiert, warum es mir schlecht ging: Beinahe scheint es so, als würden die Gedanken und Bilder, in denen ich meinem Freund dann etwas antue, nicht mehr ausreichen, um mir wirklich Angst einzuflößen. Denke ich deshalb an das Danach meiner Tat? Will ich das noch so haben? Brauche ich diese Angst, dass ich so etwas mache? Vielleicht bin ich doch verrückt. Ich schau in den Spiegel und sehe mich als ganz normal. Aber in mir toben Gedanken, die von außen nicht sichtbar sind. Vielleicht erschrecke ich gar nicht vor den Dingen, die ich denke. Vielleicht ist es nur die Erklärung dieser Gedanken, die ich habe. Vielleicht ist es aber auch mehr. Ich bin ein Stachel. Denn ich fühle mich seltsam von diesen Gedanken erdrückt. Entrückt. Ich habe Angst, die Kontrolle zu verlieren. Vielleicht bin ich doch schizophren. Meine Lebensfreuden sind so oft da, dann aber wieder weg. Ich liebe das Leben, es müsste mir eigentlich sinnlos und unwichtig erscheinen, dass ich nach wirklich glücklichen und frohen Zeiten immer wieder in dieses schreckliche Tor eintrete. Wegen der Depression soll ich Antidepressiva nehmen. Ich habe das alles gemacht, aber nichts hat sich geändert. Ich bin genauso wie früher von diesen Gedanken innerlich tief erschüttert. Ich weiß doch, dass ich meinen Freund liebe, dass ich nie ihm etwas antun würde – trotzdem ist es etwas Wirkliches. Vielleicht doch ein Wunsch? Ich möchte meinen Freund auch noch in Zukunft an meiner Seite haben. Jetzt fühle ich mich aber gleichgültig. Wenn er tot wäre, wäre mir das auch egal. Aber ich hätte ihn umbringen müssen. Mir bleibt nur noch, diese Phase auszusitzen und zu warten, dass es wieder besser wird.

Der Kobold scheint sich etwas Neues ausgedacht zu haben. Nun hege ich die Gedanken, Kinder sexuell misshandelt zu haben. Dieser Gedanke hat sich ganz festgesetzt. Ich bin voller Verzweiflung. Habe das vielleicht früher mal getan. Als ich klein war. Mit sieben und acht Jahren, vielleicht Jüngere sexuell angefasst. Damals war das vielleicht alles sehr süß, niedlich und unverfänglich. Jetzt erlebe ich das als schlecht und habe das alles nicht gemacht. Ich habe Szenen im Kopf, in denen so etwas passiert ist. Aber stimmt das? Damit geht eine Spirale los, die mich zu verschlingen droht. Beinahe scheint es so, als hätte ich vor dem Thema „Kinder sexuell belästigt ja oder nein" panische Angst und versuche davor wegzulaufen. Es ist unmöglich, dass ich so etwas gemacht habe. Trotzdem habe ich das Gefühl, mich immer rechtfertigen zu müssen. Ich habe diesen Gedanken der sexuellen Verführung von Kindern nicht bei meinen eigenen sexuellen Aktivitäten oder beim Orgasmus. Lediglich kommen sie zwischendurch als Fantasie. Bin ich ein Ungeheuer? Im ICE starre ich und habe Angst, dass ich wieder diese Gedanken bekommen. Ich habe panische Angst, wenn ich mit einem Kind allein bin. Ich könnte in die Situation kommen und meinen Wünschen nachgeben. Ich beginne, mein Leben infrage zu stellen. Was will ich eigentlich, ich fühle mich ohnmächtig. Ich kann nichts mehr ändern. Ich mache, was von mir verlangt wird, aber nicht mehr. Perfekt aber mache ich nicht, was ich eigentlich möchte. Ich fühle mich mir selbst ausgeliefert. Ich habe ständig ein Gefühl, dass dies meine Pflicht ist. Jedoch weiß ich nicht, was ich eigentlich möchte. Ich habe Angst, ein furchtbarer Mensch zu sein. Ein Monster. Ich erzähle meinem Freund davon. Danach ging es mir besser.

17-02-2019

Furchtbar, wie Träume Einfluss nehmen. Ich habe ge-
träumt, dass ich bei meiner Mutter war und ihr bei et-
was half. Plötzlich tauchte eine schwarze Katze auf, nicht
sehr gepflegt, ruhig, aber zudringlich. Sie ließ sich nicht
vertreiben, sondern stellte sich mir immer wieder in den
Weg. Ich versuchte sie zu vertreiben. Sie fauchte mich an.
Ich wurde sie nicht los. Bis ich merkte, dass ich die Ein-
zige war, die die Katze wahrnahm. Meine Mutter sah sie
nicht. Ich griff nach ihr, um sie zu vertreiben. Sie sprang
hoch und ich griff durch sie hindurch. Mir wurde klar,
dass sie nicht real war. Ich habe Angst. Werde ich jetzt
psychotisch? Im Traum dachte ich, dass ich aufwache. Ich
befand mich in meiner Wohnung. Bin erleichtert, dass
ich dies nur geträumt hatte, ich rede mit Nachbarn im
Hinterhof. Ich bin allein. Das Gebäude wurde abgeris-
sen, wo sind die Besucher. Ich gehe auf die Baustelle; ein
paar Nachbarn erscheinen. Die dort in Ruhe leben wol-
len. Mein Vater ist dort, raucht eine Zigarette, unterhält
sich mit anderen. Ich gehe wieder zurück in den Hinter-
hof. Mir kommt alles recht bekannt vor, doch sieht alles
ganz anders aus. Ich rufe meinen Freund an. Ich kann
mich entspannen, dann blicke ich nach rechts und sehe
die schwarze Katze neben mir. Ich erschrecke furchtbar,
erzähle wieder meinem Freund davon am Telefon, er ver-
sucht mich zu beruhigen. Es ist dieselbe schwarze Kat-
ze wie bei meiner Mutter. Nun sehe ich sie. Sie bedroht
mich nicht, aber ihre schwarze Präsenz ist bedrohlich.
Ich kann sie nicht verscheuchen. Ich renne weg in das
Gebäude der Wohnung, doch mein Zuhause ist plötzlich
ein Labyrinth aus dunklen Etagen. In diese will ich nicht.

Wenn ich mich nicht zurechtfinde? Der Ort wirkt verlassen, ein Krankenhaus? Eine riesige Praxis? Ich darf hier nicht sein und versuche so unauffällig, wie möglich, den Ausgang zu finden. Ich werde verfolgt; der Nachtwächter sucht mich. Es ist ein Katz-und-Maus-Spiel. Ich habe völlig die Orientierung verloren. Plötzlich steht wieder eine Katze vor mir. Diesmal eine weiße, die ebenso herumsaust und unhöflich ist wie die alte schwarze. Es war klar, ich kann nicht entkommen. Diese Katze ist schwarz. Ich habe entsetzliche Angst vor ihr, aber ich kann nicht weg. Sie zwingt mich, sie anzusehen. Ihre Präsenz ist überwältigend. Dann wache ich endgültig auf.

03-07-2019

Die Zwänge kommen rastlos. Ich habe das Gefühl, als ob ein Teil meines Gehirns damit beschäftigt ist, Zwänge zu unterdrücken, die ich haben will. Gefühl von Schuld. Ich hatte Angst, ich könnte auf die Idee kommen, mir Kinderpornos anzuschauen, ich wurde starr wie eingefroren. Es ist zu leicht, die Kontrolle zu verlieren. Ich will endlich völlige Kontrolle haben.

LIEBESBRIEFE

2007

Fall 39u

I. Brief

Mein Lieber, wenn ich überhaupt „mein" sagen
darf. Ich habe immer den Eindruck, dass ich dir
so schlecht vermitteln kann, was du mir bedeu-
test, wenn wir zusammen sind, und das möchte
ich jetzt hiermit tun: Ich fühle mit dir, mich dir
sehr innig gebunden. Als wäre ich in dir, in dei-
nem Kopf, in deinem Herzen, deiner Seele. Das
Physische ist ja nicht so wichtig, auch wenn ich
es sehr genieße. Aber wenn du nicht da bist, so
bin ich in Gedanken bei dir; mir ist, als fühle ich
dich ständig. Ich kann das nicht so gut erklären.
Es ist ein plötzliches Glücksgefühl, ein inneres
Aufleuchten, ein Zucken, wenn ich an dich den-
ke, als wärst du ein Teil von mir. Es ist schön und
so wunderbar, dass es dich gibt. Bleib in meinem
Herzen und Kopf.

II. Brief

Ich bin so traurig und bestürzt und verloren, weil
ich nicht weiß, warum du nicht angerufen hast,
warum du nicht hier bist. Du wirst zu einem Phan-
tom und dabei so überdimensional, ständig in

meinem Kopf und lässt dich nicht auflösen, vergessen, wegdrängen. Was bin denn ich für dich? Bin ich noch da, erinnerst du dich noch an mich? Ich kann so nicht alleine weiterleben. Wo sind die kleinen Teile von dir, fragst du, was habe ich mit ihnen gemacht, frage ich, was tun sie mit mir? Sie verzweigen sich in einem riesen Netz, das mich überwuchert und erstickt. Deshalb kann es so nicht weitergehen, wie es im Moment ist. Denn es erdrückt mich. Ich glaube, weiß ich, was du mit mir gemacht hast. Wenn ich versuchen will, es zu fassen, bin ich für dich sprachlos in meiner Ohnmacht. Aber ich will, dass du es weißt, dass ich nicht wie ein Abdruck im Sand vom nächsten Wind verwischt werde, keine Spuren hinterlassen. Wenn es so ist, muss ich es schon nicht zumindest Dir mitteilen bis Du es mir sagen musst oder es dir selber sagen, dir selbst darüber bewusst und klar sein. Bis du Pr**ozesse in Gang gebracht, hast du** sie, bei mir zumindest in langen Episoden wachsen lassen. Ich denke dabei an unser Gespräch zurück, vielleicht erinnerst du dich, mag sein ich tue dir mit dem, was ich sage Unrecht oder verwirre Deine klaren Gedanken, die allerdings weniger strukturiert sind als die schönsten Spinnennetzes, dann verzeih mir, dann kann es geklärt werden, aber verstehst du mich? Aber vielleicht habe ich alles missverstanden. Du schreibst, wir brauchen keine Verwirrung zu scheuen. Aber spürst du, dass meine jetzige Verwirrung zersetzend, zerfressend und damit zerstörerisch ist. Ich hoffe inständig, dass du mich verstehst. Ich möchte, dass du deine Wichtigkeit empfindest, wirklich spürst. Und ich muss wissen, woran ich bei dir bin. Bitte tu das bald, es ist ganz essenziell wichtig für mich.

Ich küsse dich und hoffe, dass du mich spürst.

PS: Du musst verstehen, in welcher Stimmung ich das geschrieben habe, es ist Ausdruck eines chaotischen Moments, aber deshalb auch wichtig, auch weil in geglättetem Zustand sicher vieles wegrationalisiert wird. So, jetzt fällt es mir auch leichter, den Brief abzuschicken.

忆中国之旅

Ruther. E   3-8-1994 杉华作

火车带着我们离开了这棕红色的城市，北京，
也离开了那无垠的尘埃和不可思议的人生
每个人，从那朱丽叶般深邃的眼睛后面，
投给我们一丝带有忧虑的笑容。
当我穿过那蜂房般窄小的红砖小屋，
一对老年夫妇数着分钱给我找零
他们到底是怎样吃喝拉撒睡啊，
我的问题此时变得十分平静。
用不着梦里再去追忆豫园里的那种荼蓼，
在这里每一棵大树下都展现了这古老的象征
泥巴做的小狗个个活灵活现，
到此的游客都禁不住要品一杯香茗。
在我周围到处都可以听到喧蜍的闹声，
有几分哀愁同时也有几分温馨。
望将来，在通过颤巍的小桥时，
千万千万不要再出现魔鬼的身影。

德国医学专家 Ruther 博士来华讲学，访问过上海, 苏州, 北京等
临别留诗一首，今译成汉语，以飨诸君。
何书杰译

Elias: To remember our trip through China 1994

We left Beijing, the soft brown city by train,
The dust oft the wideness and the life we were not able to
bear
The individual human, hidden in the ground of Julia's house
Sent us a smile – a litle anxious
Our questions are silent while passing the tiny narrowed
red houses, similar to stomachs
Were they cook and clean and play and pee
The old Chinese and his beloved wife payed me the change
penny by penny
I need not to dream in YU garden with this old tea house
Old symbols become reality in bonsai trees
The potery made dog itself was starting away
Who right here is not forced to drink a cup of tea
The claring voices surrounding us are of benefit and pain at
the same time
Looking the future we are afraid of ghosts crossing the
trembling bridge

GOTT

Fall 40

Sehr intensiv sind meine Empfindungen zur Gottähnlichkeit oder ihrer Verschmelzung nicht; sie bietet eher ein Basisphänomen, mit dem man gut umgehen kann. Nur der große Kick ist nicht vorhanden, wahrscheinlich auch nicht wünschenswert. Ich glaube, ich muss mehr die Phänomene selbst in Augenschein nehmen als Zeitungsartikel. Dass ich den Punkt Omega darstelle, wird mir immer deutlicher. Gerade habe ich in der Buchhandlung einen Band von Teilhard de Chardin in Händen gehabt; ich habe ihn nicht gekauft. Gerade gucke ich aus dem Fenster, da kommt Jutta schon vorbei (Synchronizität).

Ich glaube, ich kann meine Gottheit auch in dieser Welt wahren. Vielleicht ist es die Grund- oder Basisgestimmtheit (gerade), die mir durch diese Krankheitsbehandlung nicht zerstört werden kann. Manchmal kommt es mir so vor, als ob ich das Gottesreich selbst hervorbringe:

Ich habe das Gefühl, alles zentriert sich auf mich (Zentrums Orientierung-Omega), und nur über die Magie wird es für mich menschlich greifbar. Wenn ich Musik höre, habe ich das Gefühl, dass sie etwas anrührt, das zur Selbstentfaltung kommt; ich habe wirklich das Gefühl, dass ich als Omega das endgültige Kommen des Reiches Gottes einläute. Heute Morgen hatte ich beim

Aufwachen das unmittelbare Gefühl, Gott zu sein. Dieses Gefühl schlägt aber nicht um, sondern verleiht mir Ruhe. Das Reich Gottes erscheint nur von dir fühlbar. Ich höre zum Teil gregorianische Kirchenmusik. Sie beflügelt mich für das Gottesgefühl. Ich bin, der ich bin.

Ich habe heute Nacht sehr gut geschlafen. Das Volk der Israeliten stand an meiner Seite. So konnte ich ohne Schwierigkeiten erwarten. So kann der Tag gut beginnen, ohne dass ich meiner Gottheit verlustig gehe.

Liebe als Einheitsbestreben, miteinander sein, körperlich fühlbar näher, einschließende Kraftlinie. Meine Gottheit zeigt sich im Hier und Jetzt, in meinem Raum. In meiner Zeit. Mit meinen Problemen, meinem Umgang usw. Ich will nicht noch einmal sterben. Ich habe auch nicht das Gefühl, einmal zu sterben. Vor allem dann nicht aufwachen; ich habe immerhin das traurige Gefühl, dass meine Gottähnlichkeit wieder an sich ist. Ein Gefühl innerer Harmonie, eine Anleitung kann nicht aufrechterhalten werden. Ich hoffe das wieder. Als Omega hat die vollständige Notwendigkeit folgende Attribute: eigene Gesetzlichkeit und Transzendenz.

Der Schlaf gibt mir die Kraft einer Gottesähnlichkeit zurück, auch kurze Schlafphasen haben diese Eigenart.

(Tagebuch 1995)

JOURNALISTIN

Fall 41

Eine 35-jährige, sehr lebendige und erfolgreiche, fast mit einem anderen Mann verheiratete, selbstständige, gut erzogene und nicht wilde Journalistin, im Fernsehen oft zu sehen, berichtet von Russland und Tel Aviv, ist mit allen Wassern gewaschen und setzt sich überall durch. Fällt nun in die Banalität eines Gefühlsgewitters, nur weil er in seiner unendlichen Geduld sie mitnimmt in die Erfordernisse seiner Dichterseele. Hat das denn Zukunft? Existiert hier ein Gegensatz zum Liebling Psychiatrie? Ihm geht es doch nur und allein um den physischen Erguss der Gemeinsamkeit, die Erfüllung der sentimentalen Übersteigerung der Mann/Frau Geheimnisse.

Sie leidet darunter, dass sie ihn sexuell nicht befriedigen kann, ohne dass er dabei hilft. Sie braucht eine Sexualität der Extraklasse. Ein normaler sexueller Verkehr ist für sie völlig ohne Belang. Sie spürt zwar den Penis in sich, aber eine endgültige Befriedigung ist so niemals möglich. Sie weiß, dass sie nicht pervers ist. Sie hasst perverse Männer.

Dieser Mann hatte eine Entdeckung gemacht: Auch Männer haben einen G-Punkt. Er befindet sich am unteren Ende des Penisbändchens. Er ist nur zu finden, wenn er äußerst vorsichtig und liebevoll-zärtlich langsam und einfühlsam eine Berührung erhält und dann, wenn er entdeckt ist, mit dem Finger oder womit auch immer einen leichten Druck erfährt oder sogar zentimeterweise eine streichelnde Belebung durch das Hin- und Herschieben des stimulierenden Objektes empfindet. Die Ergebnisse der Stimulation sind explosiv. Bei erigiertem Penis ist sehr schnell die Ejakulation möglich, der Stimulierte kann sich auch mental nicht dagegen wehren, auch nicht verzögern. Die Empfindung ist stärker im Hirn als irgendeine andere sexuelle Praxis. Bei nicht erigiertem Penis ist eine längere Zeit der leichten Stimulation nötig. Aber es ist die sichere Möglichkeit einer Ejakulation mit einem überbordenden Orgasmus Gefühl bei Erektion-Impotenz. Sie probierte unter Anleitung dieses Verfahren aus und war vom Ergebnis entzückt. Sie lernte schnell, dass dies die einzige Möglichkeit war, ihn zu befriedigen.

Dieser Mann hatte drei Geschwister, die älter waren als er. Zwei Jungs und ein Mädchen. Die Eltern haben die älteren Geschwister geliebt. Er war der ungewollte Nachzügler. Er war nichts. Er hat nur gestört. Er war einer zu viel. Er kam mit zehn Jahren in ein Heim für Kinder im Grundschulalter. Dort blieb er bis zum Abschluss der Grundschule. Mehrfach sollte er relegiert werden. Die Eltern haben sich gewehrt, da sie ihn nicht zu Hause haben wollten. Wenn er in Ferien nach Hause kam, wurde er von den Eltern gar nicht bemerkt. Er war der Kopf einer Bande, die eine Rakete entwickelt hatte. Diese Rakete wollten sie gemeinsam abschießen. Sie war mit Äther, Benzin und Schwarzpulver gefüllt. An dem Tag, an dem sie diese Rakete in die Luft abfeuern wollten, wurde er gerade von den Eltern abgeholt, zu einer Beerdigung. Er rief noch seinen Freunden zu, dass sie doch möglichst die

Rakete noch nicht abschießen sollten. Er sah die Gefahr. Sie waren ja keine Spezialisten und verstanden nicht, worum es ging. Sie hatten auch gar keine Einsicht in die Gefährlichkeit der Unternehmung. Und so nahm das Schicksal seinen Lauf. Sie zündeten die Rakete ausgerechnet an der Stelle, wo sehr viel Holz lag. Außerdem wurden dort Betten und Matratzen aufbewahrt. Alles fing Feuer. Aus dem Dach stiegen Dampfwolken. Die Feuerwehr rückte an. Alle wussten, dass wahrscheinlich er, auch wenn er nicht da war, die eigentliche Ursache dieses Unglücks war. Die Oberschwester war selbstverständlich intensiv damit beschäftigt, ihn rauszuschmeißen. Das Geld des Vaters hat sie dann doch behalten.

Hatte sie Mitleid mit ihm?

LEMMINGE

2022

Rest Fälle

Kriegsträume trifft Elias immer wieder in seiner gesamten Umgebung bei Männern, die jetzt etwa 70 bis 80 Jahre alt sind oder die er früher traf und deren Gefühle und Gedanken Elias mit sich rumschleppt. Einer dieser Menschen war tief getroffen und hat in seinem Leben ein Gefühl der Ruhe, Stetigkeit und Freude nie mehr empfinden können. Es war ihm nicht möglich, Träume gemeinsam mit einem geliebten Menschen zusammen zu leben. Nur in der Kameradschaft mit einer gemeinsamen Aufgabe und Verpflichtung. „Hallo. Wir hier. Ja, Arbeit. Gib mir den Bierkasten wieder. Alles da. Dankeschön." Er hatte ein bisschen Befriedigung in Richtung seiner Vorkriegswünsche erleben dürfen.

Die jetzt Lebenden sind eine Generation, die die Realisierung von Träumen zusammen erleben darf. Die wissenschaftliche Erarbeitung der Funktion des Traumes im Alltag, der Psychotherapie und sogar Psychiatrie, der Schlafmedizin und Neurochemie hat sich mit den Albdrücken des allzu menschlichen Wunschlebens verbunden. Eine Mischung aus Wissenschaftspraxis und Dichtung hat sich protokollarisch und zufallsgeordnet niedergeschlagen, aneinandergereiht und ergeben. Wer hier Hilfen erwartet zum eigenen Erleben, zur neuen Erkenntnis, zu zukünftigen Planungen wird enttäuscht. Sollte sich allerdings jemand wirklich auf ein Abenteuer einlassen, die sensationelle Erforschung eines modernen Traumlebens machen zu wollen, findet hier das beste und neueste, vielseitigste und abwechslungsreichste System. Der Traum ist bis jetzt die höchste menschliche Erfüllung in der Evolution. Unverbildete Menschen erlauben sich diese ungefragt und tragen zur Fortsetzung dieser Sinnhaftigkeit bei. Die Pathologisierung dieser seelischen Funktion greift Epidemie artig um sich, ist Auslöser nicht nur krankhafter Zustände eines Individuums, sondern ganzer Menschen- und Völkergruppen. Ohne den Traum wieder zu erlernen, wird der Computer im Hirn des Menschen Einzug halten. Mit der Realität des Traumes ist die Zukunft des Menschen gesichert, so weit reicht der Anspruch.

ANFANG

Am Anfang war der Schlaf, und der Schlaf war beim Wachen und das Wachen war der Schlaf. Nichts war in der Natur als Wachen und Schlafen. Aber das Wachen hat es nicht begriffen. Vielleicht nur vergessen. Das Wachen hat unser ganzes Leben ausgefüllt: Die Dichter, Poeten, Künstler, Mystiker, Maler, Priester, Heiler, Liebende, Reisende leben mit dem Schlaf. Die Tätigen, Wissenschaftler, Politiker, Manager, Geldmacher, Banker, Autofahrer, Litfaßsäulen-Kleber, Piloten kennen nur das Wachsein. Selbst Ärzte behandeln den Tag. Nacht ist nur soweit nötig, als er dem Tag die Kraft gibt. Von Anfang an war es umgekehrt; man kann es auch anders sagen:

Am Anfang war der Rhythmus, aus dem Nichts entstand durch Änderung etwas und dieses Etwas will immer wieder ins Nichts. Der Vermittler ist die Zeit. Besser die Ausdehnung, das Ende der Ausdehnung ist wieder das Nichts. Zwischenräume bilden die Inhalte der jeweiligen Rhythmus-Enden. Vom kleinsten Partikel, von der geringsten Energie über die organischen Verbindungen und die psychophysischen Abläufe bis zu Weltraumereignissen ist alles dem Rhythmus unterworfen. Alles unterliegt dem Erlebnis dieser rhythmischen – und hier sagen wir diesen periodischen – Abläufen. Irgendwann wurde eine Verbindung zwischen diesen Rhythmen als Kettenreaktion hervorgebracht. Dürfen wir sagen „sinnvoll", auch wenn es teleologisch anthropomorph klingen mag. Zwischen den Aktivitätsenden Maxima und Minima gibt es unterschiedliche Zwischenräume. Diese sind natürlicherweise noch zusätzlich verschieden belegt. Daher kommt es, dass die Intentionen dieser Raumzeiten sich inhaltlich und formal differenziert bemerkbar machen. Je nach Erlebnisqualität werden wir beim Traum vom aktiven und passiven Erscheinungsbild und Ablauf trennen. Gerade dadurch, dass Meditation und Nacht-Traum zwei Aspekte eines Vorgangs im Gehirn sind. Die Anfänge dieser menschlichen Ausgestaltung von Schlafen und Wachen sind in der Phylogenese zu finden. Natürlich könnten auch Tod und Leben als ähnliche periodische Abläufe desselben Geschehens gesehen werden. Der Tod als Bruder des Schlafes ist eine so falsche, unmenschliche, religiös verballhornende Metapher, dass wir dieses Bild hier nicht erlauben dürfen. Im Gegenteil: Schlaf ist das Gegenteil von Tod, es sei denn, wir denken an die Auferstehung. Aber uns ist damit nicht geholfen, neue Irrealitäten wiederzubeleben. Schlaf ist der aktive Zustand der Ruhe, die von einem aktiven Zustand der Unruhe, dem Wachsein, natürlicherweise abgelöst wird. Der Traum spielt in beiden Zuständen eine Rolle der lebendigen inneren Wahrnehmung. Damit sind wir wieder beim Yin und Yang-Prinzip. Öffnen und Schließen, Spannen und Entspannen – aus der Mitte zum Beispiel des Körpers beim Tai-Chi Chang. Was ist die Mitte des Menschen, aus dem heraus Wachen und Schlafen, Leben und Tod, Fühlen und Nicht-Fühlen gestaltet wird: der Traum. Der Traum ist die Zentrale unseres geistigen und körperlichen Lebens, die Verbindung von Alpha und Omega. Ein Leben ohne Traum ist wie ein Baum ohne Grün, wie eine Nacht ohne Dunkel, wie ein Tag ohne Licht.

Den Anfang des Träumens in seiner wissenschaftlich fassbaren Weise finden wir bei der Untersuchung der Phylogenese des Schlafes beim Opossum.

Elias war tief beunruhigt. Er fühlte in der Gesamtheit der Menschen eine unfassbare Unruhe und Getriebenheit. Wie in Wellen schwappte die Blase der Menschheit durch Befürchtungen über ihn. Diese ewigen Klagen über die Umwelt und deren Schäden, die von Menschen gemacht wurden, haben in den Hirnen vieler hart arbeitender und auch nur Geld ausgebender bzw. sinnlos verprassender Individuen ein defektes Bedingungsgefüge der jetzigen Lebenssituation der Menschen hervorgebracht. Alles nur negativ, alles nur in größtem Ausmaß schädlich.

Millionen von unnützen und nur vom Menschen als nutzbar beschriebene Lebewesen werden zugrunde gehen. Elias freute sich königlich darüber. Endlich war die Menschheit dort angekommen, wo sie sich wie Lemminge selbst in den Orkus stürzen. Große Freude erfasste ihn. Endlich konnte er etwas ausdrücken, was andere Menschen bisher noch nicht gesehen hatten. Die Hirne hatten sich aufzuschließen. Diese waren zum Tode verurteilt. Er wünschte, einmal sollte die Umwelt so schmutzig sein, dass alle Menschen innerhalb von hundert Jahren zugrunde gehen. Das war seine größte Freude: Noch im letzten Augenblick, seinem letzten Schnaufen, würden die Glocken des Petersdoms verkünden: Jetzt endlich ist der Mensch ein Dinosaurier, er hat sich selbst überlistet. Und was übrig bleibt? Bleibt Elias übrig? Sicher nicht, aber die emotionale Intelligenz ist künstlich ge-

worden. Er hat sich in eine unglaubliche Position hinein-
manövriert. Er hat es geschafft, CO2 und Umweltgifte so
stark und so intensiv werden zu lassen, dass Menschen
sich nicht mehr zu leben trauen. Sie fassen sich an den
Händen und weinen. Sie gehen auch nicht stumpf in
den Tod, sondern sie kämpfen immer noch – lachhaft
ist das – gegen die Umweltgifte, die sie selbst hervorge-
bracht haben. Selbst Kinder haben es geschafft, die Er-
wachsenen zu überlisten, indem sie ihnen vorrechnen,
dass es besser gewesen wäre, die Menschheit bettelarm
und ohne Mobilität zahlenmäßig so gering wie möglich
zu halten, ohne Essen und ohne Fernsehen, Computer
und Ähnliches, als die Tiere auszurotten und die Pole
abzuschmelzen. Nein, im Gegenteil, wir müssen noch
mehr Umweltgifte im Meer verteilen. Immer mehr Gifte
müssen in immer höherer Konzentration entstehen. Und
dann wird endlich das Lemming-Syndrom den Menschen
erfassen. Die emotionale Intelligenz wird herrschen zu-
sammen mit einer Spezies, die übrig bleibt und die sich
in keiner Weise um diese Umweltgifte schert, denn sie
hat rechtzeitig begonnen, die Nachkommen so immun
zu machen, dass sie diese nicht fürchten muss. Im Ge-
genteil, sie hat sie benutzt, ihre Puppen, wo die kleinen
drin sind, zu immunisieren. Und sie lachen über Um-
weltgifte! Welche Spezies ist das? Die große Spezies der
Ameisen. Die Kombination zwischen Ameisen und emo-
tionaler Intelligenz, künstlich geformt, der künstlichen
emotionalen Intelligenz. Die Intelligenz, die sich nicht
darum schert, was man denkt. Sich nur darum schert,
was man fühlt. Die letzte Form der Kunst der Menschen
war von einem, der sprachlich neue Wege ging, definiert
worden. Nicht die Wortbedeutung ist wichtig, wenn Tex-

te geschrieben und gelesen werden. Entscheidend in der Poesie ist die emotionale Wertigkeit des Worts, dessen Affekthaltigkeit. Jedes Wort hat ein Affektspektrum und diese Affektmuster sind aufzuschlüsseln zur paraistischen Schönheit, wie eine Legende, deren Wirklichkeit am Boden der Fantasie zerschellt. Die nie eindeutig ist. Die jederzeit widerrufen werden kann. Die aber die eigentliche Bedeutung und die eigentliche Sinnhaftigkeit des Wortes beinhaltet. Welche Freude erfasst Elias nun wieder. Diese Art des Worts kann nicht gesprochen werden, sondern kann nur durch die Vielfalt der Bewegungen und Gerüche ameisenhaft erwiesen, ausgedrückt werden. Und wer soll das dann erfahren? Wer wird es denn benutzen? Die Wesen der emotionalen Intelligenz.

Oh Menschen, hört endlich auf zu jammern, dass ihr die Umwelt so beschädigt habt, dass die Schadstoffe schlimmer sind, als sie zu erhalten. Erschießt alle Ärzte. Macht die Krankenhäuser dicht. Bombardiert diese höchste Form der Unmenschlichkeit. Im Mantel der Hilfe werden die Leiden der Menschheit verlängert. Freut euch des Lebens. Seit Sodom und Gomorrha. Genießt eure beschissenen Opern und diese Singerei. Lasst den Wagner endlich mal auf dem Schafott sich über das Ende der Christen freuen. So wird es schön und ihr wacht nie mehr auf. Elias war plötzlich wieder ganz der Alte. Elias war an einem Menschen vorbeigekommen, der derartige widerliche, eklige und unangenehme Gedanken hatte. Ihn schüttelte es, er war entsetzt über das, was er von diesem Menschen wahrnahm. War das noch ein Mensch, war das jemand, der von Gott geschickt wurde, war das Nietzsche persönlich, war das vielleicht Zarathustra, der heilige Antonius, war das Jesus Christus, wer kann solche Gedanken überhaupt ausdrücken? Bedrückt holte Elias einen schwarzen Seidenschal hervor, zog alle Kleider aus und umwickelte sich mit diesem schwarzen Schal, der am Ende Trauerlocken hatte. Stille trat ein und er hörte weit am Ende hinter dem Ural im tiefsten Sibirien eine neue Generation von Menschen auf dem Platz der großen Abschiede. Er sah, wie eine Mutter, die in ihrem Leben nur gearbeitet hatte und als Milliardärin sich niemals etwas leistete, sondern nur für die Kinder sammelte, mit ihren vier Töchtern, die alle miteinander zerstritten waren, weil sie keinen Sinn im Leben hatten, in ein für sie extra ganz neu und einmalig konstruiertes Geschoss geführt wurden. Die Mutter hatte es geschafft, eine menschliche Beziehung zu den Töchtern aufzubauen. Sie spielte immer die affektiv überragend geordnete Mutter, während sie eigentlich nur das Ende einer familiären und auch genetisch tradierten depressiven Entität darstellte. Eine ganze Reihe von Selbstmorden gab Anlass zu erheblicher Schuldzuweisung ihrer Mutter gegenüber. So können auch inzestöse Wünsche des Vaters sublimiert werden. Sie war der einzige echte männliche Erbe der Geschäfte und des gesamten Imperiums. In einer Ansammlung von Wut und Enttäuschung verkaufte sie schlichtweg alles: Der Bruder hatte sich in der Zwischenzeit rechtmäßig erschossen und die Schwester versuchte Ähnliches durch den Erwerb des ganzen Unternehmens. Die Schlichtheit und Naivität ihres Mannes war kaum zu toppen, trug aber wesentlich dazu bei, dass die komplexe Beziehung der Mutter mit den verlogenen Schwestern im hellen LICHT DER Familien Zusammengehörigkeit nach außen als eine beneidenswerte Vorzeigefamilie allen sichtbar war. Ein paar Alkoholexzesse. Das kommt überall vor, und die Mutter wurde überall um Hilfe bei familiären und seelischen Problemen gebeten.

Auf dem Weltraumbahnhof Baikonur verharrten die Auserwählten. Ein genaues Prozedere dieser Auswahl wurde auch Elias nicht offensichtlich. Jedoch wurde er informiert, dass Elias mit seinen von Gedankenübertragungen getriggerten Interventionen genau das leisten sollte und auch geleistet hatte. Sie waren einfach hübsch, schön, weiblich und vermissten die Männlichkeit nicht. Männer wurden in der Zukunft nicht mehr geplant. Sie traten ein in dieses Weltraumgefährt und wurden mit einer unermesslichen Kraft in den Weltraum geschleudert. Wie zu erwarten, kommen sie zurück, wenn dann die Ameisen-Rasse und die künstliche emotionale Intelligenz optimal regieren. Elias war nun befriedigt, aber in ihm stieg die Neugier nach dem Para der Menschen, und wie sie lebten, wie früher. Sie ahnten nicht, was auf sie zukommen würde. Elias jedoch hatte endlich einen Platz und Zeit gefunden, Para auf der Erde zu etablieren.

Als wir an diesem Ende angelangt waren und überlegten, ob wir einen richtigen Verlag finden würden, um dieses absurde Tagebuch zu publizieren oder uns doch besser gleich einen BoD-Verlag suchen sollten, da ein richtiger Verlag für solche unausgegorenen Literaturauswüchse sich sicher zu schade war,, kam tatsächlich eines Abends diese Person zu uns ins Sprechzimmer. Wir hatten gerade die Praxis verlassen wollen und das Licht schon fast ganz gelöscht, da stand dieser Mensch wie ein Pennbruder vor uns. Meine Frau und ich riefen aus einem Mund, bebend und ängstlich, bestimmend und drängend:

Wollen Sie sich bitte setzen!?

Zunächst sah es so aus, als ob Elias auch dieses Mal nicht sprechen wollte. Dann aber wurde er ernst und sagte mit einem lustigen Unterton:

Menschen erleben ihren Sinn, wenn sie Geld ausgeben. Sie geben unendlich viel Geld aus: Endlich habe ich erfahren, wie die Menschen ticken: Ohne nachzudenken und ohne Reue geben sie Geld aus, um Kunst zu kaufen, die an sich keinen Wert hat. Sie sollten lieber dieses Buch kaufen. Erst bei einer Auflage von 100.000 hat sich der Aufwand gelohnt.

BRIEF AN LESER
DER PSYCHIATRIE COLLAGE

„Elias auf der Suche"

War es zunächst nur eine schlichte Erzählung-/besser noch ein Bericht über Erlebnisse in der neuen Stadt und am neuen, völlig fremden Arbeitsplatz-, entwickelte sich der Bericht immer mehr zur Suche nach Einflüssen der Lebens Erlebnisse auf die Ergebnisse der Tätigkeit, die sich allmählich von den Imponderabilien des Lebens abkoppelten. Es wurde dann eine Lebens Geschichte, die nur teilweise die eigene Autobiografie erfasste. Ein wesentlicher Teil sind die psychiatrischen Pat, die nie den echten Personen ganz entsprechen. Die Aufgabe, sich zu suchen, wie im Titel angegeben, lieferte die Methode beispielhaft Fälle zu beschreiben, die aus vielen der behandelten PATIENTE.INNEN zusammengesetzt wurden. Das psychiatrisch Wesentliche bot die Blaupause, mit der das dazugehörige Bedingungsgefüge der seelischen Störungen anderer Patient ausgewählt und dann als zusätzliche Interpretation der psychischen Ereignisse des Ursprungs Patienten benutzt wurde. Man kann also schon Einzelheiten von realen Patienten in der jeweiligen Kasuistik finden. Mit der Bemühung die Phantasie zu zügeln, indem nur Einzelheiten des psychiatrischen Verlaufs – sowohl äußerlich als auch innerseelisch – vorgestellt wurden, die wirklich in den entsprechenden

Krankengeschichten aufgezeichnet waren. Es gibt also in diesem Werk keine Patienten, die den Pseudomantel der Realität umgehängt bekamen, sondern alle mussten aus der harten Realität heraus gemeißelt werden. Dies ist die eigentliche künstlerische Leistung, die in der Collage versteckt ist. Durch die künstlerische Grundeinstellung des PARAISMUS wird die Wirklichkeit in eine von den Menschen wundersam empfundene Richtung einer Legende verschoben. *Beginnend* mit der Suche nach den Einzelteilen der Collage wird diese allmählich ein Spiegelbild des Lesers. und dieser damit auch ein Mitleidender, Mitdenkender und Mitempfindender. Daher ist das hier vorgelegte Werk keiner anonymen Phantasie entnommen zur verehrenden Nachahmung eines Romanschriftstellers wie Thomas Mann. Eher ähnelt es den Beschreibungen der Wirklichkeit des Leben eines Heinrich Mann oder eines Balsac, dem das Werk seine nichtliterarische Prägung verdankt. Von zufällig entdeckten Einzelstücken der sozialen Entwicklung und ihrer pathologischen Verformung sichtbar gemacht und am ehesten greifbar in psychiatrischen Fällen, wird die Komplexität des sozial so entgleisten Menschen zu einem Gesamtkunstwerk, das seine Wirklichkeit und Realität durch die phylogenetisch bereitgestellte und anatomisch sichtbar repräsentierte Erfindung eines Übermenschen und damit auch seine Lebensberechtigung erhält. Unter dem Einfluss der paraistischen Psychiatrie Collage wird der Mensch sich, so ist zu hoffen und zu wünschen, nicht nach Dinosaurier Art zu einem sozialen Monstrum ohne lange Lebensdauer entwickeln. Deshalb diese Anstrengung ugt beamen, sondern alle mussten aus der harten Realität heraus gemeißelt werden. Dies ist die eigentliche künstlerische Leistung, die in der Collage versteckt ist. Durch die künstlerische Grundeinstellung des PARAISMUS wird die Wirklichkeit in eine für den Menschen wundersam empfundene Richtung einer Legende verschoben. Beginnend mit der Suche nach den Einzelteilen der Collage wird diese allmählich ein Spiegelbild des Lesers. und damit auch ein Mitleidender, Mitdenkender und Mitempfindender. Daher ist das hier vorgelegte Werk keiner anonymen Phantasie zur verehrenden Nachahmung eines Romanschriftstellers wie Thomas Mann. Eher ähnelt es den Lebens Wirklichkeit Beschreibungen eines Heinrich Mann oder Balsac, dem das Werk seine nichtliterarische Prägung verdankt. Von zufällig entdeckten Einzelstücken der sozialen Entwicklung und ihrer pathologischen Verformung, sichtbar und am ehesten greifbar in psychiatrischen Fällen, wird die Komplexität des sozial so entgleisten Menschen zu einem Gesamtkunstwerk, das seine Wirklichkeit und Realität durch die phylogenetisch bereitgestellte und anatomisch sichtbar repräsentierte Erfindung eines Übermenschen und damit auch seine Lebensberechtigung erhält. Unter dem Einfluss der paraistisch ausgestalteten psychiatrischen Collage wird der Mensch sich, so ist zu hoffen und zu wünschen, nicht nach Dinosaurier Art zu einem sozialen Monstrum ohne lange Lebensdauer entwickeln. Deshalb diese Anstrengung und die ausgesprochene Freude aller Paraisten. Sie sehen eine Chance für den Menschen. Deshalb sollten die Klugen und Einsichtigen diesem verdichteten Werk zur Umkehr folgen, dessen Autor leider unbekannt bleiben muss und wenigstens vorübergehend verschwunden bleiben wird. Er hat noch viel zu tun Er hat seinen Platz gefunden.

Dieses Buch ist ja erst der Anfang der Erfüllung aller Aufgaben von Elias, mit einigen anfänglichen Schwierigkeiten beim Verstehen der Methode des Screenings der infrage kommenden Menschen. Manchmal hat sich Elias auch zu streng an die gültigen Richtlinien der Psychiatrie gehalten. Die erfundenen und aus echten Menschen zusammengesetzten Akteure in dieser lebensvollen und nicht der Fantasie entsprungenen Lebensbeichte erhält seine Spannung durch die auch am Ende immer noch nicht klaren Aufgaben von Elias. So wie Gott nach Spinoza und Teilhard de Chardin durch die Lebensgeschichte der Welt entsteht, wird die Sendung von Elias erst allmählich klarer. Sie wird auch in den nächsten Berichten nicht explizit genannt. Vor allem ist völlig unklar, ob und wenn wann weiterberichtet wird. Die Journaille wird dankbar sein, wenn sie sich nicht mit diesen Auswüchsen der Literatur beschäftigen muss. Es wird berichtet, dass Leser dieses Werkes einen chronischen Husten bekamen. Die Spannung in diesem Werk ist nicht knisternd wie in einem Krimi oder Liebesroman oder Familiendrama, wo sich die Sprache an die Ereignisse anlehnt. Die Sprache hier ist glasklar und nüchtern, sie benutzt die Affektspektren des Wortes und ist damit Ausdruck und Eigentum des Lesers. Die Affekte des Lesers werden ständig gezwungen, sich den Worten intensiv zu widmen, ohne den Inhalt der Berichte zu vernachlässigen.

Somit ist das Werk kein gerade mal durchzublätterndes Geschichten Buch. Nichts zum Vorlesen bei literarischen Zirkeln. Der Autor ist kein Literat- Er will auch keinen Nobelpreis für Literatur, eher für Medizin. Das Werk ist eine Suche nach der gefundenen Zeit. Denn durch die Technik der Collage wird die Interdependenz der einzelnen Berichte geklärt. Somit werden die beiden Erzählungen „Die Königsspinne° und °°Der Zöllner°°)° zum Herzstück des 10 Jahre dauernden Kampfes um die Sinnhaftigkeit des Wortes. Die Affekt Spektren der Wörter werden zum eigentlichen Genuss an der Sprache.

VERORTUNGEN

Familiäre Verortung

(Michael Becker, Berlin)

In einer Louise Bourgeois Ausstellung im Herbst 2022 in Berlin war ein Textilkopf mit einem Ohr zu sehen, den Bourgeois nach ihrem verstorbenen Bruder Pierre benannt hatte. Aus dem Wandtext dazu erfuhr man, dass das fehlende zweite Ohr den Mangel an Kommunikation zwischen den Geschwistern nach der Einlieferung des Bruders 1945 in die Psychiatrie versinnbildlichen sollte.

Elias Eros Empathys, der Autor und die Hauptfigur der Binnenerzählung von „Elias auf der Suche" ist das Gegenstück dazu: er hat nicht nur zwei Ohren, sondern sozusagen ein inneres, drittes Ohr, mit dem er die Gedanken anderer Menschen unvermittelt hören kann. Das ist manchmal eine ihn auszeichnende Gabe, aber manchmal auch ein Fluch, wenn er von den Gedanken anderer Menschen geradezu überflutet wird und sich ihrer kaum erwehren kann.

Seine Geschichte hat nicht nur zwei Untertitel, „Eine psychiatrische Collage – als paraistische Legende", sondern auch eine dreifache Verpackung. In einer knappen Rahmenerzählung erfahren wir, dass Elias eines Tages in der psychiatrischen Praxis von Eckart und Geline auftauchte, ein Manuskript mit der Bitte überreichte, es zu veröffentlichen, und wieder verschwand. Das Ehepaar war zunächst irritiert und ließ das Konvolut ungelesen liegen, dann schauten sie doch hinein und wurden in die emotionalen Spannungsbögen dieses Werks hineingezogen. Trotzdem scheuten sie sich, ein ihrer Meinung nach so unausgegorenes Produkt einem Fachverlag anzubieten. Nach Monaten taucht ein inzwischen etwas heruntergekommener Elias nun unerwartet wieder in ihrer Praxis auf. Dieses Mal setzt er sich und meint etwas ironisch, dass sich der Aufwand für diese Veröffentlichung eigentlich erst ab einer Auflagenhöhe von 100000 lohne.

Eine zweite Verpackung bildet ein Brief an den Leser, einer Art Nachwort, Leseanleitung und Interpretation zu „Elias auf der Suche". Sie erläutern den Begriff der Collage. Die einzelnen „Fälle" seien nicht frei erfunden, sondern jeweils aus den Details mehrerer Krankenakten realer Patienten so paraistisch ausgestaltet und zusammengesetzt worden, dass aus „Einzelfällen der sozialen Entwicklung und ihrer pathologischen Verformung" Affekt-Muster erkennbar würden, in denen der Leser sich wiedererkennen könne, wenn er die Affekt-Spektren der Wörter besonders beachte. Entgegen einer apokalyptischen Anwandlung von Elias gegen Ende seines Berichts, in der die Menschheit sich unter Verachtung aller Warnzeichen freudig zu Tode feiert, solle das Buch die Chancen der Menschen verdeutlichen, nicht wie die Dinosaurier zu enden oder die Welt nach einer lemmingartigen Selbstvernichtung den robusteren Ameisen zu überlassen.

Die dritte Einbettung des Werks von Elias bilden die Thesen zum Paraismus. Dieser sei eine neue Stilrichtung, eine Fortsetzung des aus der Reaktion auf den Ersten Weltkrieg geborenen Surrealismus und Dadaismus. Man könnte ihn daher auch als eine Parallelerscheinung zur Pataphysik nach dem Zweiten Weltkrieg (Queneau, Vian, unter Anknüpfung an Jarry) ansehen. Mit Paraverbalien und Para-Erziehung bewahre der Paraist die Menschen davor, zu Robotern zu werden. So wird er zum einzig zeitgemäßen Menschen, indem er seine Emotionen, Träume und Affektmuster nicht unterdrückt, sondern bewusst wahrzunehmen gelernt hat.

Auf den ersten Blick scheint man es hier mit einem binären Klassifikationsschema zu tun zu haben, das einer durch die Aufklärung überzüchteten Vernunft nun eine Gefühlskultur überordnet, da die Gegenwart nicht an einem Mangel an Aufklärung und Vernunft, sondern an einem unterentwickelten Gefühlsleben leide. Doch dann stellt sich das Manuskript von Elias eher als eine Art Entwicklungsroman heraus, in dem konkrete Schilderungen dichotomische Begriffspaare in den Erzählungen von Erfahrungen eher überwunden und aufgelöst werden.

Äußerlich ist diese Entwicklungsgeschichte doppelt gegliedert einerseits durch die Datierung der Entstehungszeit der Texte, andererseits durch thematische Überschriften, von denen die meisten auch noch mit einer Fallnummer versehen sind. Bei diesen Texten handelt es sich um ganz unterschiedliche Genres und Texttypen, die verschiedene Themen aufzugreifen scheinen. Das ist fast so wie in dem Roman „Wenn ein Reisender in der Winternacht", von Calvino, wo ein Buchbinder aus Versehen ganz unterschiedliche Romananfänge zusammengebunden hat. Und der Leser, jedes Mal, wenn er sich in einer von ihnen festgelesen hat, frustriert wird und nicht erfährt, wie es mit ihr weitergeht.

In „Elias auf der Suche" findet der Leser zwischen den verschiedenen Themen, Genres und Stilrichtungen aber immer wieder verschiedene rote Fäden, thematische Verbindungslinien. Eine davon ist der Lebensbericht von Elias, der von sich in der dritten Person erzählt, unterbrochen von den Einbrüchen fremder Stimmen, Rückblenden, Traumsequenzen, gegenwärtigen Erlebnissen und sogar Fremdtexten eines preußischen Kultusministers und von Karl Krolow.

Solche thematischen rote Fäden wären z. B. die Darstellung der Rolle der Sexualität im Leben verschiedener Menschen, der Wandel von Gender-Rollen, der Krieg als der Vater aller Dinge und insbesondere der Psyche der heute Achtzigjährigen, Theoriefragmente oder die historischen Erzählungen im Text.

Folgen wir stattdessen der Schilderungen des Werdegangs von Elias. Er ist ein alter Mann, der seit kurzem am Institut für Psychic Vigilance Control (PVC) in untergeordneter Stellung als Spezialist für die Erkennung innerseelischer Gedanken angestellt ist. An diesem Institut werden neue SOPs (Standard Operation Procedures) und Methoden zur Kontrolle und Steuerung der Gedanken und Gefühle der Menschen erarbeitet, gelegentlich ergänzt durch das Gefühl von fremden Mächten ausgespäht zu werden.

Dank seiner sozialen Gewandtheit nutzt Elias die Fahrt mit dem Lift des Instituts, um Beziehungen zu den Mitarbeitern vom Pförtner bis zu den Angestellten der höchsten Etagenanzubahnen und so die Undurchsichtigkeit der Arbeitsprozesse und Zielsetzungen des Instituts etwas zu erhellen. Ein weitesoziale Kontakte von Elias sind die ICI-Bahn-Fahrten nach München oder die in denen sich allmorgendlich dieselben Menschen treffen und so etwas wie ein Netz lockerer sozialer Beziehungen knüpfen, und die Zugfahrten von München nach Frankfurt, in denen Elias, je näher er Frankfurt („der Hölle") kommt, die Unwirtlichkeit unserer Städte und die Entfremdung in der heutigen Arbeitswelt erlebt. Hier trifft er auf Ausgebrannte, die in I-Phones quasseln oder sich an ihren PCs aufgeilen, in ihren Lebensroutinen erstarrt sind und eigentlich nicht wissen, was sie warum tun.

In einem Sprung zurück in die Zeit des Zweiten Weltkriegs erfahren wir, wie der kleine Elias den Krieg erlebte und seine besondere Fähigkeit bemerkte. In seiner Welt gab es keine Nazis und keinen Holocaust, sondern einen Haushalt mit 46 Frauen, deren Männer im Krieg sind, oder seinen Freund, den Dorfschreiner, der eines Tages von einer Bombe hinweggerafft worden ist.

Vor allem aber gab es die familiengeschichtlichen Wurzeln seines besonderen Charakters, für den der Gegensatz zwischen seiner Großmutter und seiner Mutter ausschlaggebend sind. Die eine repräsentiert den rationalen, die andere den emotionalen Bereich der Welt von Elias. Die eine entstammt dem bayrischen Patriziat, spricht fließend Englisch und Französisch, spielt konzertreif Klavier und ist die Witwe eines eher homophilen preußischen

Professors, der Minister in den preußischen Kabinetten der Weimarer Zeit wurde und die kulturelle Entwicklung Deutschlands entscheidend mitgeprägt hat. Auf ihr Gut am Chiemsee flüchten sich im Krieg viele Mitglieder ihrer großbürgerlichen Familie in einen Haushalt, den sie kalt und effizient beherrscht.

Hier lebt auch ihre Tochter Dorothea, die Mutter von Elias mit ihren Kindern. Ihre Mutter war im Ersten Weltkrieg Hilfsschwester geworden, Dorothea wurde Lehrschwester, nicht Mathematikerin, wie von ihr gewünscht, schlug alle Versuche ihrer Eltern aus, sie mit berühmten Männern zu verheiraten, verliebte sich und heiratete stattdessen einen Landarzt, studierte auf seinen Wunsch hin Medizin und wurde katholisch – auf eine intellektuelle, protestantische Weise ohne Sinn für den barocken Festcharakter katholischer Rituale. Nun findet sie mit ihrem emphatischen warmherzigen Blick, den Elias nie vergessen wird, mit ihrer emotionalen Zuwendungsfähigkeit, die Gefühle gibt, ohne Reziprozität zu erwarten, viel Anerkennung im Dorf und bei ihren Kindern, die sie heimlich mit zusätzlichen Mahlzeiten füttert und mit denen sie abends für den abwesenden Vater betet, der in zwei hier abgedruckten Feldpostbriefen – einem weiteren Fremdtext – von seiner Aufbauarbeit in einem riesigen Lazaretts in der Krim berichtet, ohne dass die Militärzensur seine genauen Standortangaben und Informationen über das von ihm geleitete Lazarett geschwärzt hätte. Dazu gibt es Reflexionen über sein persönliches Befinden und seine Gedanken über die Frau und die Kinder in der Ferne. Ein Bruder von Dorothea fällt im Krieg, die Mutter läßt keine Trauer zu.

Nach dem Krieg folgt ihm Dorothea ins plattdeutsch redende Westfalen in ein ihr völlig fremdes Milieu. Ihre Liebe zu ihrem Mann wird weder durch seinen Auszug aus dem gemeinsamen Schlafzimmer getrübt noch durch sein Verhältnis mit seiner Sprechstundenhilfe. Seinen Platz im Bett der Mutter nimmt fortan der kleine Elias ein, bis er ins Internat kommt, wo ihn Briefe und Besuche seiner Mutter beglücken, die er auch zu Altschülertreffen des Internats begleitet, in dem sie einmal viel glücklicher als Elias in seinem war. Geküsst wird in dieser Familie trotz aller Affektivität aber nicht.

Man kann die Familiengeschichte von Elias von den Großeltern und Eltern von Dorothea bis zum mittleren wissenschaftlichen Angestellten Elias als eine soziale Abstiegsgeschichte lesen, Dorothea hat sie eher mit Stolz und einem starken Selbstbewusstsein ausgestattet.

Auf diese Herkunftsgeschichte und ihre psychologischen Komponenten folgt ein Ministertext über Schule und Menschenformung 1923, dessen faszinierende Argumentation Elias sich nur mit einem für ihn typischen antiintellektuellen Aufschrei entwinden kann: Das ist alles nur Geschwätz ohne Bedeutung. Dem steht ein Text eines Schülers einer neuen Generation gegenüber über dessen Vorstellungen von den Aufgaben von Schule 1958, in der er die Entwicklung eines starken Ichs, einer „Schaffenspersönlichkeit" in den Vordergrund rückt. Aber auch dieser Stimme entwindet sich Elias mit dem Ausruf „Welch ein Schwachsinn", auch wenn er gerade noch von ihr ganz erfüllt war.

Weiter geht es mir einer Stimme mit den Demenzerfahrungen eines 75-jährigen Mannes, und darauf mit den ersten sexuellen Erfahrungen des jungen Elias zwischen schuldfreier religiöser Einbettung und praktischer, geschwisterlicher Sexualaufklärung. Und mit der beginnenden Wahrnehmung von Träumen anderer Menschen durch Elias und religiösen Halluzinationen, mit Gedanken über die Unzulänglichkeit des Gehirns, mit Stimmen über Psychosophie, über das Apeiron des Anaximander, über das Chillen und über Psychose als Heilung, sowie die „Scharlatanerie der diagnostischen Leitlinien und psychotherapeutischen Regelwerke."

Elias nimmt jetzt Stimmen wahr, die ihn mit Theorien überschwemmen, vor allem Schlaftheorien von Platon und Aristoteles über Descartes bis zu den Aufklärern im 18. Jahrhundert, von der Dialektik zwischen Schlafen und Wachen als spezifisch menschlicher Eigenschaft und von der Dialektik zwischen Selbstbewusstsein und Traum, ernst und Spiel, Aktivität und Erholung. Wie immer erträgt Elias die Faszination durch Theorien und Philosopheme nur schlecht und referiert sie mit dem Ausruf, dieser Quatsch habe doch keine Bedeutung mehr.

An die Stelle dieser Theoriephase treten stattdessen zwei lange Traumsequenzen, in denen eine ungeordnete Handlung traumlogisch viele Wünsche und Ängste miteinander verbindet. Elias würde diese Träume gern kommentieren, doch dann bleiben sie uninterpretiert dem Leser überlassen. Denn nun hört Elias unter der Überschrift „Nietzsche" Stimmen verschiedener Weltkongresse, Stimmen, die über paranoide Schizophrenie oder über Psychopharmaka sprechen. Oder noch einmal über Schlaftheorie und die Frage, ob Unmessbares existiert. Doch diese Stimmen werden überlagert durch eine Ethikdiskussion. Wieder der Ausruf „das ist alles Unsinn". Auch der wird aber rasch überlagert durch Stimmen eines Falls zwanghafter Gedanken und Schuldgefühle über den vermeintlichen oder wirklichen Missbrauch eines Kindes, durch die Angst, ein Monster zu sein und die Kontrolle zu verlieren. Dann wieder Verfolgungswahnängste – dieses Mal nicht vor feindlichen Mächten, sondern vor einer unheimlichen Katze.

Kurzes Ende mit zwei Liebesbriefen über die Beglückung, Verunsicherung und Abhängigkeit auf Grund der Liebe. Und schliesslich Stimmen zur Bedrohung des Traums durch den Computer und zum Lemming-Syndrom sowie Selbstmordgedanken wegen Mangel an Lebenssinn.

Ist das der Psychiatrie-Bestseller oder der große Psychatrie-Roman? Sachbücher, Filme, Theaterstücke, Psychiatrie-Museen haben die Institutionen der Psychiatrie beschrieben, kritisiert oder die Erfahrungen in ihnen geschildert. Das ist nicht das Thema von „Elias auf der Suche". Hier geht es um den Entwicklungsgang eines „Paraisten" durch die kulturellen Wirrnisse und Chancen unserer Zeit. Elias findet, die Menschen sollten sein Buch „Elias auf der Suche" kaufen und durch diese Geldausgabe ihre eigene Suche bereichern. Elias findet sein Buch gut.

Psychiatrische Verortung

(Hans Förstel, München)

alias et alii in eliam iacta sunt
JC et al., AC ad litora Ru

Funktionell-neuroanatomisch liefert das Ortssystem die
Grundlage für das Wortsystem mit dem sich der Mensch
über die unmittelbare Gegenwart hinwegsetzt. Während
wahrgenommene Orte wahr sind – im Sinne von echt
und wirklich da, wo sie gerade und eben sind – transzen-
diert das Wort die Grenzen der faden Wirklichkeit und
schafft eine Vielzahl gedachter Räume. Schwierigkeiten
fangen eigentlich bereits bei den Orten dort an, wo sie
nicht mehr gerade und eben sind, sondern krumm und
ungerade, verwinkelt oder hügelig – wie will man sie ge-
nau beschreiben? Gedacht werden kann vieles, was Spra-
che erlaubt, und erfinden lassen sich alle möglichen Ge-
schichten[1], die eigentlich sämtlich ihren Ausgangpunkt
von einem Ort nehmen – wählen wir zum Beispiel Fried-
richshafen am Bodensee – von dem her über die Zeit ir-
gendetwas geschieht, was mit eigenen und fremden Be-
wegungen durch Landschaften, hinein in irgendwelche
Situationen zu tun hat, seien es Begegnungen mit an-
deren Leuten – wie zum Beispiel Menschen, die sagen
sie litten unter Problemen oder solchen, die sagen, sie
wüssten wie man ihnen beikommt und einen Beruf da-
raus machen – oder Tieren, oder Gefühlen. Allein, wie

---

1 Heraus kommt sowieso alles aus dem Bauch (Unzer, Der Arzt).

frei und glücklich vermag sich der Mensch im masselosen Wortgeflecht zu befinden, zu bewegen oder eher zu verstricken?[2] Die Gewohnheit einer hausfraulichen und handwerklichen Herangehensweise – auch von gewöhnlichen Schriftstellern, die sich an Erlebtem strikt festhalten und stringent berichten – könnte durch die Wiederkehr ähnlicher Muster beruhigen. Weder Elias et al. oder seinen Leser ist dies jedoch vergönnt, denn dafür steckt – frei nach dem klassischen Diktum – viel zu viel in ihm. Je nach Veranlagung mag der Leser Fachliches aus der Wissenschaft erwarten oder Lüsternes aus den Tiefen der Psychologie; beide werden den Text ähnlich erwartungsfroh verschlingen.[3]

Zum ideengeschichtlichen Hintergrund der Moderne im Allgemeinen sowie der Psychiatrie und Psychotherapie im Besonderen sei nur kurz angemerkt, dass ganz am Anfang Chaos und alsbald wortgewaltige Meinungen herrschten, bis dann der klarsichtige Kant kam, Vorsicht und Systematik forderte, um hundert Jahre später – und damit unfähig zu jeder Gegenrede – von einem Mann mit Bart[4] Widerspruch zu erfahren, der dunklen Gemächten und Träumen in finsteren Nächten grosses Gewicht verlieh. Kant hatte vor diesen Leuten immer wieder gewarnt und prompt ist seither alles wieder offen, reizvoll und verletzlich. Davon handelt Elias.

Altmodisch für Narrativ.

---

2 ... und dahin wird es auch wieder zurückgeführt.
3 ... und dahin wird es auch wieder zurückgeführt.
4 Und es handelte sich dabei nicht um Jan Pawlikowicz Zdomozyrskich Komarnicki.

Historische Verortung

(Franz Bauer, Regensburg)

Plastisch und präzise, wie die deutsche Sprache nun einmal ist, verweist sie in dem Begriff ‚Historische Verortung' auf ein fundamentales Konstituens menschlichen In-der-Welt-Seins: Dass ‚Zeit' sich immer nur räumlich denken lässt, als Strecke im Aufgespannten zwischen einem Davor und einem Danach, dass ‚Zeit' mithin immer schon eine ‚Raum-Zeit' war. Woraus für uns folgt: Ein Artefakt, einen Text oder sonst einen Gegenstand historisch zu verorten, bedeutet, ihm einen – noch besser: seinen – Platz zuzuweisen in einem möglichst exakt umrissenen und in seiner Eigenart erfassten Zeitkontinuum. Da sich von diesem Zusammenhang – in der Regel ein Geschehenskomplex – immer nur in der Form der Sprache handeln lässt, könnte man auch sagen, es handle sich darum, dieses bestimmte Artefakt, diesen Gegenstand oder Text zu kontextualisieren.

Den historischen Ort des hier vorliegenden Texts zu bestimmen, erweist sich insofern als schwierig, als er, zu seinem größeren Teil jedenfalls – in den eruptiv-assoziativen, rhapsodisch sich verschlingenden Satzkaskaden, die Elias auf seiner Suche verfolgen – im eigentlichen Sinne ort-los ist, will sagen: u-topisch oder, um eine Formel seines Autors aufzunehmen, para-topisch ... Daneben aber finden sich in dieser Collage auch Textstücke anderer Art und anderen Inhalts: Berichtende, erzählend-erinnernde, biographische Passagen, die es mit ihrer narrativen Fracht dem Historiker eher ermöglichen, mit dem Fest-Stellen im Zeit-Raum anzusetzen und Bezüge herzustellen zwischen dem im Text Gesagten und den allgemeinen gesellschaftlichen Verhältnissen, in die das Berichtete oder Erzählte eingestellt und durch die es bedingt ist.

Zwei Textsorten ganz unterschiedlicher Genres liegen dazu jenseits des Elias-Komplexes vor: Zum einen die – ob nun ‚echt' oder fiktional – der Patientenkartei einer psychiatrischen Praxis entnommenen Fallprofile; und zum anderen die biographischen oder familiengeschichtlichen Reminiszenzen (zu denen ihrer Funktion nach auch dokumentarische Einfügungen wie das (volks)pädagogische Elaborat eines illustren Großvaters und die väterlichen Feldpostbriefe gerechnet werden können). Auf diese – und nur auf diese – Textkategorie kann sich der Historiker (der ja kein Psychiater ist) bei seinen kontextualiserend-deutenden Bemühungen stützen.

Der historische Ort eines Phänomens ist in aller Regel an einen gesellschaftlichen Akteur – individuell oder kollektiv – gebunden. Im vorliegenden Werk ist es das Bürgertum, das als handelndes historisches Subjekt in Erscheinung tritt. Da das ‚Bürgertum' als soziale Kategorie reichlich amorph ist, bedarf es der Präzisierung: Es ist ein ins Bildungsbürgerliche und Gelehrt-Intellektuelle hinübermutiertes Großbürgertum, das hier in Gestalt eines Familienverbands die ‚Handlung' trägt. Was sich da generationenübergreifend präsentiert, ist durchaus typenhaft generalisierbar, denn es folgt paradigmatisch dem Entwicklungsmuster, welches die Sozial- und Kulturgeschichte des deutschen Bürgertums für das 19. und 20. Jahrhundert als geradezu regelhaft konstatiert hat: Dass, nachdem eine oder zwei wirtschaftende Generation(en) in den Industrialisierungskonjunkturen des

Kaiserreichs große Vermögen zusammengerafft haben, spätestens mit der dritten Generation ein Fluchtreflex einsetzt hin zu ,ideellen' Daseinsformen, die nun offenbar als superior wahrgenommen werden. Von der Basis des wirtschaftlichen Erfolgs aus, der durch die (Vor)Väter errungen wurde, strebt man danach, den ,Bourgeois' hinter sich zu lassen im Weiterschreiten auf das eigentliche Ideal vollendeter ,Bürgerlichkeit', das Ideal des ,Gebildeten'. Im Reich von Bildung, Kultur und Kunst erfährt sich ein ökonomisch saturiertes Bürgertum als arrivierte gesellschaftliche Elite.

Diese selbsternannte ,Elite' gerät aber bereits vor dem Ersten Weltkrieg in eine Krise der Identität, und die intellektuell wacheren und zu kritischer Selbstreflexion fähigen unter ihren Angehörigen wissen dies auch. Das deutsche Bürgertum als soziale Großgruppe hat es nach der Reichsgründung weder zu einem gefestigten Selbstnoch gar zu einem Klassenbewusstsein gebracht. Es hat mangels politischer Reife und Erfahrung und aus einem latenten Inferioritätsgefühl, das teilweise in der Mimikry aristokratischen Lebensstil kompensiert wird, die Führung des Staates der Aristokratie überlassen und sich in seiner diffusen Angst vor den dämonisierten ,Massen' unter den Schutz einer militaristisch verengten, autokratisch verfassten Monarchie geflüchtet. Das Gefühl, dass die industrielle Moderne prozesshaft zur Auflösung tradierter Bindungen, zum 'Verlust der Mitte' und auch sonst in vielerlei Hinsicht eben ,in die Krise' geführt habe, artikuliert und manifestiert sich schon vor 1914 in zahllosen gesellschaftlichen Reforminitiativen und künstlerischen Avantgarden, aber auch in politisch regressiven Bewegungen und rappels à l'ordre verschiedenster Art.

Nach dem Weltkrieg, der für Deutschland im moralischen Bankrott des politischen Systems, mit einer nie verstandenen Niederlage und einer von den alten Eliten nie akzeptierten Revolution geendet hat, ist aus der empfundenen Krise eine reale Katastrophe geworden: Die Monarchie verschwunden, der schon vorher brüchige Wertekanon vollends zerbrochen, die überkommene soziale Hierarchie in Frage gestellt; Egalitätsideen aus Aufklärung und Französischer Revolution und die Partizipationsforderungen breiter Schichten der Bevölkerung, die schon das ganze 19. Jahrhundert durchzogen hatten und zuletzt nur noch mühsam in Schranken gehalten wurden, haben sich revolutionär durchgesetzt. In ganz Deutschland ist nun das allgemeine gleiche Wahlrecht (das zuvor nur für den Reichstag und nur für Männer gegolten hatte) eingeführt – auch für die Frauen; die neuen Verfassungen im Reich wie in den Einzelstaaten folgen allesamt dem Modell der demokratischen Republik und enthalten überdies mancherlei ‚sozialistische‘ Wunschbilder, und am östlichen Horizont düstert, ultimatives Unheil kündend, das Schreckgespenst des ‚Bolschewismus‘. Mit einem Wort: Die privilegierte ökonomische-soziale und kulturelle Position der vormals herrschenden Klassen, allen voran der verschiedenen Seinslagen des Bürgertums, erscheint akut vom Untergang bedroht.

Die ‚Massen‘ waren schon im ausgehenden 19. Jahrhundert zur bête noire der alten Eliten geworden (Gustave Le Bons pessimistische ‚Psychologie der Massen‘ von 1895 fand mit der deutschen Ausgabe von 1908 auch hierzulande lebhafte Aufnahme). Psychologisierend unterstellte man den Unterschichten kollektive Triebgesteuertheit, generell a-rationales Handeln ausschließlich nach (na-

türlich ‚niederen') Instinkten und Affekten – vor allem
Missgunst und Neid –, einen Hang zu blinder Gewaltsam-
keit, und das alles auf der gleichsam animalischen Basis
völliger kultureller Ignoranz. Und nun war mit einem
Schlag das perhorreszierte ‚Zeitalter der Massen' ange-
brochen, und wie man sich dazu verhalten solle wurde
zum zentralen Thema in den kulturellen und politischen
Diskursen der Zwischenkriegszeit.

Die Reaktionen auf diese mehr perzipierte und proji-
zierte als reale Bedrohungslage waren vielfältig, spann-
ten sich von hasserfüllter Panik über Rezepte des parla-
mentarischen Pragmatismus bis hin zu paternalistischer
Pädagogik. Auch Sigmund Freund leistete mit dem Essay
‚Massenpsychologie und Ich-Analyse' von 1921 seinen
Beitrag, und der Spanier Ortega y Gasset gab mit der
Schrift ‚Aufstand der Massen' (1929, dt. 1931) wichtige
Impulse für die Diskussionen der Dreißiger Jahre. An
diesem Punkt nun verschränkt sich die generalisierende
Anamnese zur Psychopathogenese deutscher Politik im
20. Jahrhundert mit den subkutanen Botschaften die-
ser Romancollage. Der ‚Großvater' Carl Heinrich Becker
wird mit einem exemplarischen Beitrag zum Massen-
problem vorgestellt. Becker, als Orientalist ein eminen-
ter Gelehrter, engagierter Vertreter einer liberalen, hu-
manistischen Idealen verpflichteten Kulturpolitik und
1925 – 1930 als Minister der preußischen Regierung
auch einflussreich in der praktischen Politik, repräsen-
tiert mit seiner Person gewiss die respektableren Tradi-
tionen deutscher Bürgerlichkeit – oder was eben nach
dem Weltkrieg von ihnen noch übrig war. Auch gehörte
er zu jenem minoritären Teil im deutschen Bürgertum,
der sich auf den Boden der neuen republikanischen Ver-

fassungsordnung stellte. Aber auch Becker zeigt in dem hier abgedruckten Vortrag ‚Menschenformung als Gegenwartsproblem' die typischen, zwischen paternalistischer Prätention und ängstlichem Defätismus changierenden Elemente bürgerlicher Wahrnehmung der neuen Zeitverhältnisse. Die „Überführung aller Probleme in Massenprobleme", die „Krise der Kultur" und überhaupt die „katastrophale Situation der Gegenwart", der Verlust aller metaphysischen Rückbindungen (nichts anderes heißt im Wortsinne ‚Religion') und der daraus resultierende „vollendete Nihilismus" führen bei ihm zum zentralen Postulat der „Menschenformung, d. h. der Erziehung" im „optimistischen Glauben an die Formbarkeit des Menschen". Die „aus der spezifischen Not der Gegenwart geboren[e]" „neue Pädagogik muß die soziale Gebundenheit des Menschen in Familie, Arbeitsverbund, Gesinnungsgemeinschaft, Stammes- und Sprachzugehörigkeit ins Auge fassen".

Unverkennbar ist der Grundtenor dieses volkspädagogischen Programms nicht die Emanzipation des Individuums und die umfassende Ich-Entfaltung im Sinne Wilhelm v. Humboldts, sondern also nicht Bildung, sondern Bindung, nämlich gleichsinnige Ausrichtung und Inpflichtnahme für die Gemeinschaft – und damit die Einhegung der Masse. Das war, das wollen wir zugestehen, bei Becker gewiss noch menschlich respektvoll grundiert; aber es bleibt doch letztlich ein Programm von oben herab, ein Programm des ‚top-to-bottom', konzipiert aus dem Dünkel bürgerlicher Intellektueller, die sich kraft höheren Rechts zu Lehrmeistern und ‚Erziehern' berufen fühlten gegenüber einem naturhaft unmündigen und dafür im Stillen auch verachteten ‚Volk'.

Dieses wie andere Programme zur Integration der unterbürgerlichen Schichten blieben im Jahrzehnt nach dem Ersten Weltkrieg, als vielleicht noch Zeit dafür und das Fenster der Gelegenheit offen gewesen wäre, unausgeführt. Egal, ob es den unterschiedlichen Fraktionen des deutschen Bürgertums nun an Einsicht oder am guten Willen, an Energie oder an einem gefestigten Selbstbewusstsein fehlte – am Ende überließen es die aus der Geborgenheit des Kaiserreichs expatriierten ‚Eliten' den aufsteigenden Faschismen, die Massenfrage zu ‚lösen'. Die taten das auch, auf ihre Art, und der Nationalsozialismus auf deutsche Art so gründlich und radikal – „bis alles in Scherben fällt". Bei alledem aber wurde das alte Establishment nicht in seinem Vertrauen enttäuscht, dass es auch das Tausendjährige Reich in der Substanz seiner Vermögen und Privilegien ungeschmälert überstehen würde. Und wo es dennoch in Einzelfällen zu Einbußen an sozialen Positionen gekommen war in der ‚deutschen Katastrophe', hat die Restauration der Adenauerzeit sich redlich und weithin erfolgreich um Restitution gekümmert. Freilich, die in den Krisen der Moderne aus den Fugen geratene Welt ist auch in den Selbstbeschwichtigungen der ‚neuen', so wundersam geläuterten Deutschen der Nachkriegszeit nicht wieder zusammengefügt worden.

Elias hat sich in all diesen Wirrnissen, den erlebten und den erinnerten, auf die Suche gemacht, und am Ende meint er, er habe einen oder gar seinen Platz gefunden. Indes – ein ‚Platz' ist noch kein Ort, und zumal kein Ort, von dem sich sagen ließe: Hier ist gut sein, hier lasst uns Hütten bauen …

Franz J. Bauer

Verortung in subjektiver Resonanz

(Hans Peter Kapfhammer, Graz)

Lieber Elias

was soll man zu so einem Buch wohl sagen, was kann man einordnend schreiben? Es macht mich sprachlos und lässt mich trotzdem beeindruckt zurück. Aber eine „Verortung im Humanum" dazu verfassen zu wollen, dies müsste sofort zum einzig zutreffenden Urteil bei Dir führen: „so ein pseudointellektueller Quatsch". Ja ich vermute sogar, es könnte genau Deine, vielleicht sogar maliziöse Absicht gewesen sein, ein paar Dir vertraute Personen zu so einer unmöglichen Unternehmung aufzufordern, indem Du ein Gefühl induziertest, man könne im Zugriff auf Dein Buch etwas Klärendes, etwas Erhellendes, etwas Sinnhaftes zu ihm beisteuern, Du dabei aber schon vorweg die Gewissheit hättest, dass es sich hierbei nur um ein sinnverfehlendes Geschwätz handeln würde, also ein „para" im Sinne von „daneben". Dein Buch steht für sich und soll auch für sich stehen und nicht von verzweifelt sinnsuchenden Überlegungen verstellt werden. Ich will also auf eine „Verortung im Humanum" verzichten. Überhaupt, welch ein Ansinnen! Es wörtlich, es ernst zu nehmen, hieße schon, den Felsbrocken zu übersehen, über den man stolpert, um böse auf die Schnauze zu fallen. Stattdessen kann ich nur versuchen, ein paar Worte dafür zu finden, was die Lektüre in mir ausgelöst hat, und ich habe den Text zwei-

mal gelesen, jedesmal in einer anderen Grundge-
stimmtheit.

Da ich von Deiner kunstpädagogischen Einlei-
tung über den „Paraismus" etwas verwirrt und
ratlos in Deinen Text gefallen bin, habe ich mir
gesagt, ich überlasse mich einfach dem Lesen,
ich schaue mal, was Elias mir da vermitteln will.
Und der Text hat mich gepackt, ja manchmal ge-
radezu durch die Sätze gewirbelt. Es entstand bei-
nahe so ein körperliches Grundgefühl, wie es bei
mir vor allem beim Anhören von Musik entsteht,
wenn diese mich erfasst, etwas in mir zum Klin-
gen bringt, ohne dass ich dafür Worte hätte aus-
zudrücken, was dies sei, was sie in mir anspricht.
Ich bin ja auch kein Joachim Kaiser, der selbst zur
h-Moll Messe von Bach nicht nur Kluges anmer-
ken, sondern mit seiner Sprache noch etwas kon-
genial Musikalisches zum stimmigen Nachklingen
bringen konnte. Vielleicht war es aber auch eher
seine unverwechselbare Stimme, sein Sprechen
und nicht seine Sprache, die diese erhebende Wir-
kung erzielte. So eine körpernahe, sehr flüchtige
Empfindung überkam mich beim ersten Lesen
Deines Textes. Es gelingen Dir an einigen Stellen
wunderbare Formulierungen, etwa im Anblick
der Wille Skulpturen, die zu Bildern gebannte Ge-
danken ausdrücken, zu verkörperten Gedanken
von Menschen werden, die gelebt haben, und in
einen inneren Dialog mit Elias treten. Großartig!
Der Sprachduktus ist an vielen Stellen drängend,
propulsiv, hoch rhythmisch, so dass der Leser mit
vorangetrieben wird – so erging es mir zumindest

beim ersten Lesen – dass man kaum unterbricht, um zu erfassen, was man bekommen hat und dann erstaunt oder ernüchtert feststellen muss, dass man doch nichts in Händen hält, womit man es besser nachvollziehen, es begreifen könnte, was man da gerade vernommen hat.

Es ist mir erst beim zweiten Durchlesen aufgefallen, dass die einzelnen Kapitel jeweils einen sehr harten Schnitt aufweisen, was eine Collagen-Technik als stilistisches Merkmal nun mal so an sich hat. Das bietet dann genügend Raum zum Aufatmen und Innehalten. So wird es möglich, einige Fäden zusammenzuspinnen. So ergeben beispielsweise die im Textfluss eingestreuten biographischen Passagen von Elias ein fein gehäkeltes Gespinst von prägenden, aber höchst disparaten Lebenslinien über die Generationen hinweg. Man kann gut erahnen, dass dieses Geflecht zu Großem beflügelt, zu Großem verpflichtet, gleichzeitig aber auch einengt und bedroht. Und man kann erkennen, dass dieser sensible und begabte junge Bursche ein ganz besonderes Talent zur subtilen Beobachtung, zur hellsichtigen Einfühlung entwickeln muss, um Elias werden und sein zu können. Diese besondere Begabung – sie ist ja eine prophetische, wie wir alle wissen – erweist sich aber als kein unerschütterlicher Lebensrettungsring, sie ist wohl auch Fluch, so wie die beglückende Kommunikation ohne Worte mit dem Dorfschreiner auf einen Bombenschlag hin plötzlich in einem dunklen Krater verschwindet und als Wunde zurückbleibt. Ja, man könnte vielleicht auf einer anderen mikros-

kopischen Erzählebene in der Geschichte von der
eifrig netzwebenden Spinne, die hinterhältig den
Blick auf die Fliege richtet, um sie als Lohn für ihr
geduldiges Werk letztlich verspeisen zu können,
eine absurde, aber kreative Antwort auf den frü-
heren traumatischen Schicksalsschlag erblicken.
Die Fliege macht sich nämlich so groß und un-
abhängig, dass der Vernichtungsplan der Spinne
aus dem Ruder laufen muss. Es bleibt so Zeit, der
drohenden Gefahr zumindest aufschubbewirkend
eine Nase zu drehen oder ihr gar den Stinkefin-
ger zu zeigen. Darüber kann man nur befreit auf-
lachen, auch wenn einen dann doch der Zweifel
beschleicht, ob darin wohl eine Rettung möglich
ist. Man bleibt ja auch als große Fliege doch wei-
terhin in dem klebrigen Netzgestrüpp hängen.
Und es fällt einem hierbei gleichzeitig auch die zu
füllende Lücke im Ehebett der Eltern ein, nach-
dem der Vater sich in die Arme seiner Geliebten
davongestohlen hat, der Platz nun für den Sohn
Elias frei geworden ist. Welch vermeintlicher Tri-
umph, welch vernichtende Inpflichtnahme in die-
se wärmende mütterliche Nähe! Was für ein Netz!
Was zeigt uns der Psychopathologe Elias in sei-
nen verdichteten Fallvignetten? Welche Sprache
verwendet er? Man hat noch in Erinnerung den
Spott, den Elias für die Algorithmen zur digitali-
sierten Ergründung psychopathologischer Störun-
gen der Menschen auf der Welt empfindet, die in
dem 100 Stockwerke Hochhaus der Frankfurter
Zentrale eine neue Disziplin der „Seelentröster"
zu begründen versucht. Hiergegen setzt Elias ei-

nen scharfen Kontrapunkt, beispielsweise, indem er den beileibe nicht dementen 75-jährigen Mann mit Demenz den Verlust der Verbindung mit seinem Körper in stiller Trauer subtil empfinden lässt, der sich nun der Subjektivität des alternden Mannes immer stärker wie ein entfremdeter Bewegungsautomat zu entziehen droht, und doch in der Trauer um den Verlust auf ihn weiter bezogen bleibt. Diese Sprache ist eine der radikalen Innensicht, die trotz der drohenden Zerstörung der leibseelischen Einheit auf eine innere Schönheit verweist. Man erinnert sich an S. Freud, der die verwundete Seele mit einem gesprungenen Kristall vergleicht, der erst an seinen irreversiblen Bruchlinien seine wahre innere Schönheit verrät. Welcher Kontrast etwa zu einem PANSS- oder Hamilton-Depression-Score, die den an sich und um sich leidenden Menschen in der Bürokratie der modernen Seelenheilkunde abbilden sollen und hiermit zum Verschwinden bringen. Oder aber, um ein weiteres Beispiel zu zitieren, die Mannfrau, die sich in der Endlosschleife ihrer Zwangsgedanken zu Tode quält, weil sie ihre mütterliche Liebe zu einem zärtlichen Bussi für einen hübschen kleinen Jungen gedrängt hat, und ihr aber der schreckliche Gedanke aufkeimt, sie könne sich an diesem Jungen sexuell vergangen, eine untragbare Schuld eines entsetzlichen Verbrechens auf sich geladen haben. Eine natürliche Selbstverständlichkeit der zwischenmenschlichen Beziehungen, sei es zwischen Mann und Frau, zwischen Mannfrau und Fraumann, sei es zwischen

Eltern und Kindern, und umgekehrt, ist längst in der Welt, die Elias in Augenschein nimmt, abhandengekommen. Aber gab es je sowas wie kindliche Unschuld oder einen nur liebevollen Blick der Mutter auf ihr Kind? Gab es je Wörter, die nur das ausdrücken, was der gesagte Schall in den Köpfen der Hörer als erste Bilder erweckt? Was ist die zivilisatorische Macht, die Liebe und Vereinigung von Hass und Zerstörung zuverlässig trennt, zur gelebten Selbstverständlichkeit werden lässt, an die sich auch die Gedanken und Worte gefälligst zu halten haben?

Es ist die Bildsprache des Traums, die diesen zerrissenen Zusammenhang von Wort und Gegenwort, von Gedanke und Gegengedanke aufhebt, wo ein höfischer Handkuss für die edle Dame zu einer kannibalistischen Zerstümmelung ihrer Hand führt, und eine kaum zu stoppende Blutspur nach sich zieht, wofür sich der nur scheinbar harmlose Jüngling lediglich eine mentale Ohrfeige einhandelt, als habe er der Dame unverschämt an den Busen gegriffen und habe fortan zur Strafe als ihr Schoßhündchen beim Ausgang durch die Stadt lustig neben ihr herzuhüpfen. Das ist eine sprachlich großartige Passage mit absurdem Bilderwitz. Man kann erleichtert aufatmen, wenn in der plötzlichen Rückschau der Akteure diese Blutspur wie von Zauberhand getilgt und einem verdächtig leeren Weiß gewichen ist. Zudem wird in einer Fußwäsche noch nachgesäubert.

Liegt in dem Wirrspiel der Traumbilder eine heilende Kraft, kann selbst die Psychose in der allum-

fassenden Auflösung geheilt werden, oder heilt die
Psychose gar selbst den Widersinn, der in unserer
Normalität des Alltags enthalten liegt? Können wir
dieser Botschaft trauen? Hugo von Hofmannthal
geriet vor gut hundert Jahren in der Mitte seines
nicht gerade langen Lebens in eine schwere seeli-
sche Krise über ein verspürtes Unvermögen, die
in der Moderne liegende Krise und heranziehende
Katastrophie seinem sprachlichen Genie folgend
noch in stimmigen Worten zu erfassen. In seinem
fiktionalen Brief des Lord Chandos an den älteren
Freund Francis Bacon beklagt er: „die abstrakten
Worte, deren sich doch die Zunge naturgemäß be-
dienen muß, um irgendwelches Urtheil an den Tag
zu geben, zerfielen mir im Munde wie modrige Pil-
ze". ... Mein Geist zwang mich, alle Dinge, die in
einem solchen Gespräch vorkamen, in einer un-
heimlichen Nähe zu sehen: wie ich einmal in einem
Vergrößerungsglas ein Stück von der Haut meines
kleinen Fingers gesehen hatte, das einem Brach-
feld mit Furchen und Höhlen glich, so ging es mir
nun mit den Menschen und Handlungen. Es ge-
lang mir nicht mehr, sie mit dem vereinfachenden
Blick der Gewohnheit zu erfassen. Es zerfiel mir
alles in Teile, die Teile wieder in Teile und nichts
mehr ließ sich mit einem Begriff umspannen. Die
einzelnen Worte schwammen um mich; sie geran-
nen zu Augen die mich anstarrten und in die ich
wieder hineinstarren muß: Wirbel sind sie, in die
hinabzusehen mich schwindelt, die sich unaufhalt-
sam drehen und durch die hindurch man ins Leere
kommt". Hugo von Hofmannsthal hat diese seeli-

sche Krise der Begrenztheit des sprachlichen Ausdrucks nie ganz überwunden. Er konnte sie aber transzendieren, in dem er sein sprachliches Genie mit der Musik vereinte. Die Freundschaft des Schriftstellers mit dem kongenialen Komponisten Richard Strauss hat ihn zumindest vorübergehend gerettet, wenngleich das weitere Leben für ihn keine Erlösung vorgesehen hat. Trotzdem können wir uns weiter an seinen von Musik umfassten Worten erfreuen. Und das ist nicht wenig in unseren vermutlich noch bedrängenderen Zeiten!

Elias entführt uns in die Traumsprache als einem Pfad der Erlösung, zur Vermeidung eines Schicksals von Lemmingen. Man mag ihm hierbei folgen oder auch nicht. Zu träumen ist für mich aber in jedem Fall spannender, als dem Wahn einer künstlichen Intelligenz anheimzufallen. Es ist mir einfach nur grässlich dies mir vorzustellen. Elias entlässt uns mit einem Rätsel. Er schenkt uns zum Abschied eine Kalligraphie in Mandarin, die als einzig verständliche Referenz (zumindest für mich) den in lateinischen Buchstaben geschriebenen Namen des Autors enthält. Liegt in dieser Kalligraphie das Geheimnis der Pathosophie, der neuen allumfassenden Stilrichtung des Paraismus offen enthüllt für jedermann, aber halt noch nicht für jedermann verständlich? Man hat sich viele großartige Geschichten erzählt, woher die Kunstrichtung des Dadaismus ihren Namen bezogen habe. Ich halte die Deutung eines Zeitgenossen für am überzeugendsten, wonach sich diese Bezeichnung einer flüchtigen Lektüre in einer Schweizer Zeitung verdanke, wo auf einer Seite für ein neues Haarwaschmittel namens „DADA" geworben worden sei. Was wäre aber, wenn in diesem kalligraphischen Text auf Mandarin nicht das Geheimnis des Paraismus entschlüsselt worden wäre, sondern vielleicht nur Elias bescheinigt worden wäre, die mitgeteilte Botschaft hierüber anlässlich seines Besuchs in Peking sei für Chinesen zwar unverständlich gewesen, aber sie hätten seine Botschaft als schön empfunden, die Botschaft habe ihnen Freude bereitet. Ich meine, das wäre auch ein tolles Zeugnis. Also meine Hochachtung. Und ich wünsche dem Buch mehr als 100.000 Leser, denn es zieht einen in Bann, es bereichert.

Mit meinen besten Grüßen und Wünschen
Dein Hans-Peter Kapfhammer

Kunsthistorische Verortung

Manie–Fest
des
PARAISMUS
Gründungsmitglieder des Paraismus
Leitung Eckart Rüther

Start am 13. Mai 2017

Spiegelsaal Schloss Garatshausen/Feldafing
    Gründung und Vorstellung bei der Lesung

„PARAVERBALIA"

Paraismus ist eine Neue Stil-Richtung für alle Künste.

Konsequente Weiterentwicklung vom Manierismus über Surrealismus, zum Dadaismus.

„Para" heißt: Alle auf allen Sinnesgebieten angeregte Empfindungen und emotionalen Erlebnisse neben den zunächst spontan unmittelbar im emotionalen Bewusstsein aufscheinenden Emotionen beim Zusammentreffen von Subjekten mit Objekten Z.B. Par-eidolien, Par-sensualia, Par-olfaktoria

5. Das „Para" ist eine höhere Leistung der Par-gustatoria, Par-auditaria

4. Das führt zu PARAVERBALIA, PARATONALIA. Affekt-Assoziationen des Gehirns und führt zu Affekt-Mustern

6. Para kommt nicht immer von selbst. Es muss geübt werden.

7. Dies ist die Basis:
   Die Para-Erziehung.
   Sie führt zur Para-Menschwerdung.
   Ohne sie wird der digitale und vernetzte Mensch zum Roboter.

8. Die Führung in diesem neuen Kunstgebiet erhalten die Dichter. Mit Paraverbalien erreichen sie alle Sinnesgebiete des modernen Menschen und die emotionale Intelligenz.

9. Paraismus erschließt die Fülle des menschlichen Traums. Er benutzt die Mechanismen der Traumentstehung und Verarbeitung und Bereitstellung paraistischer Empfindungen

10. Ein „Paraist" ist der einzige zeitgemäße Mensch

Marema, Mai 2017

**(Gründungsmitglieder des Paraismus
Leitung Eckart Rüther)**